— 光耀千秋·党史人物故事丛书 —

踏荆前行 ——
陈延年、陈乔年的故事

李朝全 著

三环出版社
·海口·

图书在版编目（CIP）数据

踏荆前行：陈延年、陈乔年的故事 / 李朝全著 . -- 海口：三环出版社（海南）有限公司，2023.7
（光耀千秋·党史人物故事丛书）
ISBN 978-7-80773-070-5

Ⅰ.①踏… Ⅱ.①李… Ⅲ.①陈延年（1898-1927）—生平事迹②陈乔年（1902-1928）—生平事迹 Ⅳ.①K827=6

中国国家版本馆 CIP 数据核字 (2023) 第 121805 号

光耀千秋·党史人物故事丛书
GUANGYAO QIANQIU · DANGSHI RENWU GUSHI CONGSHU

踏荆前行——陈延年、陈乔年的故事
TAJING QIANXING —— CHEN YANNIAN CHEN QIAONIAN DE GUSHI

著　　者	李朝全	编辑统筹	李一意
责任编辑	吴　馨　张华华	特约编辑	邓波尔　韩孜依
封面绘制	汪晓曙	美术编辑	万紫怡
插图绘制	覃舒曼		

出版发行　三环出版社（海口市金盘开发区建设三横路 2 号）
　　　　　邮　编 570216　邮　箱 sanhuanbook@163.com
　　　　　电　话 0791-86579157

社　　长　王景霞　　总 编 辑　张秋林
印刷装订　南昌市红星印刷有限公司
书　　号　ISBN 978-7-80773-070-5
印　　张　7.5
字　　数　145 千字
版　　次　2023 年 7 月第 1 版
印　　次　2023 年 7 月第 1 次印刷
开　　本　880 mm × 1230 mm　1/32
定　　价　30.00 元

版权所有，不得翻印、转载，违者必究
如有缺页、破损、倒装等印装质量问题，请寄回本社更换。
联系电话：0898-68602853　0791-86237063

目 录

引　子 ··· 001

第一章　安庆陈门　书香世家 ································· 003

　　自幼勤奋好学 ·· 004
　　多了一位母亲 ·· 012
　　抄家风波 ·· 015
　　去北京求学 ··· 021

第二章　有为青年　自创前程 ································· 025

　　把艰苦当作磨炼 ··· 026
　　编辑《进化》杂志 ·· 036
　　"既然做了就不怕" ··· 041
　　赴法勤工俭学 ·· 047

第三章　追寻真理　勇立潮头 ································· 057

　　令人失望的留学生 ·· 058
　　与无政府主义决裂 ·· 061
　　信仰马克思主义 ··· 067
　　组织旅欧中国少年共产党 ································· 070
　　把一切交给党 ·· 074
　　莫斯科东方大学 ··· 079
　　人称"小列宁" ··· 083
　　翻译《国际歌》 ··· 091

I

第四章　投身革命　功绩卓著 ……………… 097

"开疆辟土的拖拉机" ……………………… 098
"我们有我们的时代" ……………………… 104
当人力车夫很光荣 ………………………… 110
"六不"作风 ………………………………… 114
年轻的组织部部长 ………………………… 118
重伤不下火线 ……………………………… 126
创建革命武装 ……………………………… 130
领导省港大罢工 …………………………… 139

第五章　历经挫折　坚守信仰 ……………… 151

不为国民党"抬轿子" ……………………… 152
坚决推动工农革命 ………………………… 162
受到中央批评 ……………………………… 169
兄弟俩失之交臂 …………………………… 176

第六章　壮烈牺牲　视死如归 ……………… 191

死也不跪下 ………………………………… 192
与慈母最后的相聚 ………………………… 201
再度深入虎穴 ……………………………… 208
留给后代披荆斩棘的幸福 ………………… 216
这盛世如你所愿 …………………………… 223

后　记　做一次历史的摆渡人 ……………… 227

引　子

　　1927年7月4日深夜，上海龙华监狱笼罩在黑暗之中。砖木结构的牢房极为简陋，平层，一排四间，里面阴暗而闷热。囚室门口摆着一口大缸，里面盛着一些浑浊的水，被捕者只能从木栅栏门内伸出手来，舀水饮用或是洗漱。旁边的刑讯室中摆满了各种刑具，上面已是血迹斑斑。牢房中间有一个小小的院子，外面筑有灰白色的高墙，院门紧锁着，看守极严，还有士兵日夜不停地巡逻。

　　随着一阵哗哗的脚镣声，一队荷枪实弹的士兵如临大敌般，押着一位年轻的囚犯走出牢房。只见他衣衫褴褛，浑身是血，已被折磨得体无完肤。然而，他目光坚毅，神色从容，眉宇间英气勃发。他挺起胸膛，高高地昂起头颅，一步一步坚定地向前走着。星光洒落在他的身上，映衬得他如巨型雕塑般伟岸。

　　他就是陈延年，时任中共中央委员、江苏省委书记。

　　陈延年同志牺牲的时候异常壮烈。敌人将他押到龙华监狱枫林桥的刑场秘密处决，当敌人要他下跪时，他直立不屈，并高呼："革命者光明磊落，视死如归。只有站着死，决不跪下。"几个执刑的士兵用暴力将他按下，但当刽子手挥刀时，陈延年突然一跃而起，这一刀并没有砍着他的颈项。敌人竟一拥而上，将他按在地上，用乱刀将其杀害。这一年，陈延年年仅29岁。

1928年2月16日，春节刚过不久，陈延年的弟弟，时任中共江苏省委组织部部长的陈乔年因为被叛徒出卖，也遭逮捕，关进了上海龙华监狱。陈乔年被关押在天字监一号牢房。为了从他口中套出所需要的情报，敌人用尽了各种残酷的刑罚，企图逼迫他招供。虽然被敌人打得遍体鳞伤，他却始终顽强地同敌人做斗争，没有吐露一点党的机密。敌人决定杀害陈乔年。在和同志们分别时，陈乔年泰然自若，面带微笑，鼓励大家不要灰心，坚持战斗。同志们含泪握着他的手，感到十分难过，他却乐观地说："让我们的子孙后代享受前人披荆斩棘的幸福吧！"

1928年6月6日，在上海龙华枫林桥畔的刑场上，敌人用机枪连续扫射。屹立着的陈乔年，胸口被打成了蜂窝状，最终英勇地倒下了。

此时，陈乔年还未满26周岁。

"血肉欲寻何处是？斑斑点点在红旗！"陈延年、陈乔年两位年轻的革命者，用青春的鲜血染红了信仰，用无悔的生命诠释了忠诚。

他们的丰功伟绩永垂不朽！他们的英名将永远铭刻在人民的心中！

第一章
安庆陈门　书香世家

　　江南的春天，细雨霏霏。古老的安庆城外，长江不息地奔流着。16岁的陈延年和12岁的陈乔年背负简单的行囊，登上了驶向北方的航船。他们挥一挥手，告别站在岸边的母亲，然后，转过身仰起青春的脸庞，朝着未知而广阔的新天地，勇敢地前行。

　　这，是一场与故乡的告别，更是一场信念的启程。

自幼勤奋好学

1898年，安徽省安庆市大南门培德巷东口1号的陈宅迎来了大喜事，陈家的孙儿陈延年出生了。安庆地处要津，交通便捷，自清乾隆年间到民国时期，长期是安徽的省会，是安徽的政治、经济、文化中心。陈家已在此生息繁衍了二十世，是当地颇有影响的大家族。

这一年，戊戌变法失败。陈延年的父亲陈独秀刚满19岁。就在前两年，17岁的陈独秀以安庆第一名的成绩考取了秀才，然而参加江南乡试，未能考取举人。于是，在母亲的安排下，他和霍邱县副将（大致相当于地方军区行政副长官，即今天的副师长）高登科的长女高晓岚（小名大众）成婚。高晓岚比陈独秀大三岁，虽然出生将门，但自幼丧母，又受继母虐待，未能接受教育，目不识丁，思想守旧，还留着一双小脚。

陈独秀的哥哥此前已育有三个儿子，按照家族子弟的排行，陈延年排在第四，因此小名叫"小四子"。

陈延年生得皮肤黝黑，脑门较宽，像他的父亲，瓜子脸又像他的母亲。陈独秀年纪轻轻就做了父亲，自然很是欢喜；对于母亲高晓岚而言，陈延年的降生更是一个不小的安慰。高晓岚没有读过书,与受过私塾教育又接受了新式思想的陈独秀之间几乎没有共同话语,平时很难说上话。陈独秀天天与一群思想新潮的青年来往,讨论国家变革、天下大事,对家里的事情不闻不问。因此,陈延年出生后,基本上由母亲一人抚养。

1900年,陈延年的妹妹陈筱秀(原名陈玉莹)出生。这一年,八国联军发动了侵华战争。

此时,两岁的小延年已学会走路,父亲偶尔会带着他到附近的长江边去玩一会儿,看看碧波荡漾,微风吹起阵阵涟漪,还有贴着江面掠过的飞鸟。而母亲因为要操持家务,忙碌不堪。小延年经常帮助母亲照看睡在摇篮里的妹妹。闲下来,他就和伯父家的三个哥哥一起玩捉迷藏、斗蟋蟀等游戏,倒也过得无忧无虑。

1902年,陈独秀的嗣父陈衍庶(陈独秀的四叔,因无子嗣,便过继陈独秀为子)打算将南水关的房子扩建成两幢相连的房子,准备在那儿安度晚年。陈衍庶是清朝举人,仕途顺畅,官至道台,家里经济条件好,不断买田、置地,家产颇丰。嗣母谢氏(陈衍庶之妻)精明能干,为人慷慨,是家里的主心骨。

这时,陈独秀从日本留学归来,回到了安庆。他常常出门去看望朋友,或是把朋友带到家里来,终日谈笑风生,纵论天下大事,跟家人反而没什么话,基本把家当作了歇脚的旅馆。妻子高晓岚说不上话,也不敢去说丈夫。只有嗣母谢氏偶尔劝说陈独秀几句，他这才抽出点空闲时间教一教孩子。有时趁自己练习书法的时候，陈独秀顺手写几个大字，让陈延年跟着练习毛笔字，学写字和识字。

陈衍庶在东北做官时，当到了奉天新民知府。陈延年三四岁时，一家人曾跟随陈衍庶在东北住过一段时间。

当时的东北政局动荡。张作霖和张作相兄弟（拜把子兄弟）是东三省有名的马贼，聚拢一大股土匪队伍，横行东北。陈衍庶派兵围剿，张匪无法立足，不得不接受收编。张作霖胆小，不敢出面。弟弟张作相胆大，且善于应对，便以其兄张作霖的名义，前往知府衙门接受收编。此后，弟兄二人便将名字调换了一下，弟弟张作相改名张作霖。收编之后，为了便于约束和监督，张作霖（当马贼时的张作相）就被留在了知府衙门当差。他既殷勤又精明能干，很讨上司欢心，与同事也相处得很好，逐渐赢得了陈衍庶的信任。张作霖经常抱着知府大人心爱的孙少爷陈延年，到处去玩耍闲逛。谁曾料到，这个马贼出身的人物，在辛亥革命后，竟然一路发迹高升，成了独霸东北、左右北洋政府的奉系大军阀，还成了杀害李大钊的刽子手。

1902年9月2日，高晓岚生下了第二个儿子陈乔年。陈乔年在家族中排行老五，被家人称为"小五子"。和哥哥陈延年不同，陈乔年生得皮肤白皙，脸圆圆的，又十分活泼好动，很是惹人喜爱。

起初，陈延年、陈乔年兄弟在私塾读书。1911年12月，陈独秀应邀任安徽都督府秘书长。在他的建议下，安徽教育司在藩署内（今属安庆一中）开办了第一所中学——全皖中学。次年3月，全皖中学开学。陈独秀便将儿子陈延年、陈乔年送入该校读书。在这里，兄弟俩除学习文化知识外，还接受了反帝反封建的爱国主义和崇尚科学自由的革命启蒙教育。

陈延年个子不高，浓眉大眼，皮肤粗黑，看上去不像是个读书人。然而，人不可貌相。陈延年头脑聪明，记忆力超强，而且读书用功，念起书来往往日夜不停，就像着了迷一般。他不但将老师教的书背得滚瓜烂熟，还想方设法找更多的书来读。家里有当年他父亲读过的许多书，一直堆在那里，蒙上了厚厚的一层灰。陈延年便把书籍上的灰尘擦拭干净，像哥伦布发现新大陆一样，经常埋头在书堆里。邻居中有位名叫汪洋的老先生，家里藏书丰富，陈延年也经常登门借书。书一借回来，他便端坐在书房里，如饥似渴地读起来，连母亲喊他吃饭都听不见。

陈延年熟读经史典籍，在国学方面有了一定的造诣，加上他脑子聪慧，又有才华，文章写得很漂亮。安庆一些老先生看过他的文章后，都不无惋惜地说："可惜现在废了科举，不然延年必能高中。"

有时候，陈延年会带着弟弟陈乔年到长江边的迎江寺，听寺里的和尚月霞师父讲故事。月霞师父曾是革命者，经历丰富，知识渊博，和他交谈，让兄弟俩增长了见识，并接受了革

踏荆前行 —— 陈延年、陈乔年的故事

命党人的启蒙教育。

1904年日俄战争爆发后,陈衍庶在东北通过贩卖战马等发了大财。他在安徽购置了好几百亩的土地,在安庆买下了十余间店铺,并在北京琉璃厂开办了一家叫"崇古斋"的古玩店,家里的生活条件越来越富足。陈延年、陈乔年兄弟俩不仅可以吃到白豆腐,偶尔还能吃上猪肉。逢年过节时,常跟随母

亲去看戏。那时演的戏,多半都是根据古代的小说改编的。陈延年只有六七岁,看戏就看个热闹,并不太懂其中的意思,总是坐不住。而原本活泼好动的陈乔年却从小喜欢看戏,总是目不转睛地盯着戏台;回到家后,还会模仿戏中人物的各种动作,像模像样地演起来,逗母亲开心。

陈衍庶告老还乡后,做起了居家的员外。他喜欢书画,经常临摹字帖。他是清末有名的书画家,因为推崇前辈书画家邓石如、刘石庵、王石谷、沈石田,便给自己的书斋取名为"四石师斋"。有空时,他也指导孙子练习毛笔字。

陈衍庶慈眉善目,双耳硕大,性格平易近人。有一次,他画了一幅《渔樵耕读图》,上面有山水,下面画了一个正在钓鱼的人。这实际上是他的自况像,表明自己想归隐山林的心态。

陈延年看到祖父的画,好奇地问:"爷爷,画上的人在垂钓,这个人是谁呀?"

陈衍庶哈哈大笑,回答道:"画的就是爷爷啊!"

"但是,这个人穿的是古代的服装,披着蓑衣,还戴着斗笠,一点儿也不像爷爷啊!"

陈衍庶回答:"那就是爷爷的梦想啊!'孤舟蓑笠翁,独钓寒江雪',那是人生的至高境界呢!"

小延年似懂非懂地点了点头。

陈延年勤奋好学,读了很多的书,包括《水浒传》《说岳全传》《杨家将》《薛家将》等。他经常把自己看过的故事讲给弟弟陈乔年听，特别是岳飞的故事，讲得惟妙惟肖。陈乔年便学着故事里的岳飞，在家里演起"枪挑小梁王"。那也是他们和母亲一起看过的《说岳全传》的一场戏。故事讲的是北宋钦宗时，开武科考试，岳飞率王贵、牛皋等人进京赴试，为主考官宗泽所器重。云南梁王柴桂，进京朝贡，与宰相张邦昌等人勾结，打算谋取状元。但柴桂文武皆不如岳飞，在校场中与岳飞比试，屡出狠招。岳飞被逼无奈，一枪刺死了柴桂。张邦昌欲杀岳飞，考生们都不服气，最终张邦昌被迫放了岳飞。岳飞由此夺得武状元。陈乔年、陈延年和他们的父亲一样，都十分崇拜岳飞，认为这才是国家所需要的英雄豪杰。

有一次，全皖中学的国文教师汤葆铭给学生们出了一个"四书"里的句子，作为作文题目。他刚在黑板上写出上半句，延年就在下面大声地说出了下半句。这让汤老师大吃一惊，他没想到，才刚12岁的陈延年居然读过了"四书"，而且能够背诵。

他停下笔，望着小延年，对他说："你知道就摆在肚子里，不要讲。"因为他本来是要提问学生下半句是什么，但是陈延年已经提前把答案说出来了，这样他就没法再提问了。

下课后，其他同学纷纷夸奖陈延年："你真了不起！老师都还没教，你就知道了答案。"

听到同学们的夸奖，陈延年心里美滋滋的。

从此以后，每次老师提问题，陈延年明明知道答案，也保持沉默。一直等到接连提问了好几位同学，别人都答不出来的时候，老师这才喊陈延年起来作答。而每一次，他都能流利地说出正确答案，博得同学们的满堂喝彩。

多了一位母亲

1909年这一年,家里迎来了一位意外的客人。这就是兄弟俩年轻漂亮的姨母高君曼。

高君曼是高晓岚同父异母的妹妹。小时候,高晓岚虽受继母的虐待,但是对继母所生的这个小妹妹却并不讨厌,就像对待同胞妹妹一样,彼此相处甚好。

高晓岚因为不识字,给父亲家里去信都是由陈独秀代笔。而高晓岚娘家的人大多也不识字,回信自然由高君曼来写。就这样,陈独秀和高君曼通过两家人的书信往来,慢慢地认识了对方。后来,两个人就直接通起信来。高君曼喜欢姐夫写的一手漂亮的毛笔字,对他从事革命活动和出国留学也相当羡慕,因此对姐夫大有好感。后来,她到北京女子师范学校读书,喜欢文学,接受了新式教育,思想比较新潮。

1909年,高君曼从京师女子师范学堂毕业。毕业后,她回到了自己父亲任职的地方,因为尚未找到工作,就到姐姐家去玩。说是到姐姐家玩,其实是想见一见自己一向敬佩的姐夫。这时的陈独秀因为哥哥去世也从外面回来了。就这样,两个思想新潮的年轻人在陈家见面了。

高君曼常给延年、乔年和筱秀兄妹仨讲北京城里的新鲜事，孩子们对姨母讲的那些事情非常好奇，总是缠着她。而更多的时候，高君曼则和陈独秀单独聊天。两个人都接受过新思想的熏陶，接触过很多思想先进的教授和知名人士，因此，两个人总有说不尽的话。陈独秀也好像找到了一个忠实好学的学生，乐于同她谈天说地，排解在家里的孤独。

两个人都不做家务，只有高晓岚一个人忙里忙外，不可开交。看到丈夫终于能够踏踏实实地留在家里，她本来心里是很高兴的，但是看到自己的妹妹整天和丈夫腻在一起，两人总有说不完的话，高晓岚心里又隐隐觉得不是滋味。看着眉飞色舞的丈夫和脸颊绯红的妹妹，高晓岚心里开始有一种不祥的预感：平时就不和自己说话的丈夫，有可能喜欢上自己的妹妹了。

这个年，陈独秀是在家里度过的。他的心情显得轻松而愉快。

陈延年发现，情况和以前有点不一样。以前，父亲在家的时间很少；而这一次，父亲似乎被什么绊住了脚，更愿意待在家里。以前只要父亲在家，母亲从来不会生气；现在却总是唉声叹气，愁眉苦脸，有时还会无来由地发火。家里气氛十分压抑。

陈延年隐隐约约地感觉到，这一切的变化似乎都和姨母有关。他开始希望这个"天上掉下来"的姨母能够早点离开自己的家。

有一天,家里终于吵了起来。爷爷指着父亲的鼻子,大声骂他是蠢货,是混账。母亲则一边哭哭啼啼,一边大吵大闹。

孩子们从未见过自己的母亲这样吵闹。在父亲面前,母亲一向是温顺的、沉默寡言的,而这一次,她居然和父亲大闹了起来。这是从未有过的事。奶奶谢氏也和母亲站在一边,跟着爷爷骂父亲。

不久,陈独秀便带着高君曼离开了安庆,一起去了杭州,两人正式过上了同居的生活。就在陈独秀离开安庆时,高晓岚已怀上了身孕。1910年,生下了第三个儿子陈松年。

高晓岚和陈独秀的婚姻走到了末路。由于妹妹的介入,两人原本就不和谐的夫妻关系便名存实亡了。

孩子是母亲天然的同盟军。看到母亲不开心的样子,几个孩子也都陪着母亲难过。陈延年和年幼的陈乔年感觉,这一切都是父亲的过错。他们原本就没有得到过多少父爱,加上这一次的家庭变故,兄弟俩对父亲的成见就更加深了一层。

抄家风波

离开了安庆，陈独秀和高君曼在杭州生活。两个人有着许多共同语言，很谈得来，因此陈独秀的心情十分愉悦。他带着年轻的新伴侣在杭州游山玩水，生活虽然清贫，却过得很惬意。这，大概也是陈独秀一生中最美好的一段时光。

1911年10月10日，辛亥革命爆发，延续了2000多年的封建帝制被推翻。中国正在经历一场前所未有的翻天覆地的变革。

这一年年底，陈独秀应当时安徽新任都督孙毓筠的邀请，出任都督府秘书长，回到了安庆，和高君曼住进了安庆市中心的宣家花园。

父亲回到了安庆，陈延年和陈乔年却见不到他的人，后来才知道，他是和他们的姨母住到了外面。两人公然住在了一起，这让母亲高晓岚内心非常痛苦，整日以泪洗面，时常在兄弟俩面前唉声叹气。因此，兄弟俩对父亲的成见又加深了。陈延年只要在家，便一面陪着母亲做家务，一面安慰她。有时，看到母亲半天不说话，他还故意找话题跟她聊天，给她讲自己遇到的趣事，逗她开心。

陈独秀性子急，和同僚合作不来，孙毓筠又不支持陈独秀制订的一套"兴皖计划"。于是，不久后，陈独秀便辞去了秘书长的职位，转去刚刚恢复的安徽高等学堂担任教务主任。

之后，陈独秀的朋友柏文蔚回到安庆，接替孙毓筠出任安徽都督兼民政长。在他的邀请下，陈独秀再度出任都督府秘书长。

1913年5月，闷闷不乐的陈衍庶去世，陈独秀回家吊唁，同时辞去了安徽都督府秘书长的职务。随后，他离开安庆，前往南京。

这时，"二次革命"爆发。因为袁世凯派人暗杀宋教仁，孙中山在南方举义，黄兴发表"讨袁通电"。柏文蔚出任安徽讨袁军总司令。陈独秀和柏文蔚一道回到安徽，第三次出任安徽都督府秘书长。

不久后，因部下叛变，柏文蔚不得不和陈独秀逃离安庆。随后，袁世凯任命自己的爪牙倪嗣冲出任安徽都督兼民政长。8月底，倪嗣冲一上任就借口陈独秀"私造枪弹"，派人查抄陈独秀的家，声称要"斩草除根"，缉拿他的儿子。

幸亏祖母谢氏提早一步得知消息，赶紧嘱咐陈延年和陈乔年逃到怀宁渌水乡白泽湖的陈家乡下老屋去躲避。

这时，陈衍庶的灵柩还停放在家里，尚未下葬。倪嗣冲的部下马联甲带着人马，从南水关陈家大洋房的前门进来，陈延年、陈乔年兄弟赶紧从爷爷的灵柩边偷偷溜开，从后门逃走。

两人爬上了院子的围墙,跳下墙逃脱了。

马联甲不顾陈家正在办丧事,竟命令手下在屋里翻箱倒柜,搜罗了一大批陈家收藏的古玩字画。看到屋子里有一个不大的孩子,就下令将这个陈独秀的侄子陈永年带走。

谢氏冲上前大声喊道:"这不是庆同(陈独秀的本名)的孩子,他是庆同的侄子啊!"

马联甲大声呵斥道:"如果真是侄子,那你就找人来保!"

看着一群荷枪实弹的官兵,谢氏只好退让。

就这样,这群如狼似虎的官兵硬是把哭个不停的小永年拽走了。

陈延年、陈乔年逃离家后,在一位老者的帮助下,顶着炎热的太阳,一刻不歇,一口气逃到了怀宁老家,躲到了堂兄陈遐文家。陈遐文的母亲将家里的床拉开,在后面搭了一个小铺,让两个小兄弟在里面躲藏了三天三夜。老家的大人们都非常担心,生怕官吏会追上门来抓捕。那样的话,陈遐文的父母就得承担连坐的责任。

大难当头,一家人全都愁眉苦脸的,连说话都不敢大声大气。但是,小孩子却不知父母的心事,反而分外开心。陈遐文见到自己的两个堂弟来了,感觉家里一下子热闹了许多,浑身是劲,总是跑进跑出的。白天,陈延年、陈乔年躲在床后面,到了晚上天黑了,才敢走出屋子。陈遐文就带着兄弟俩偷偷地跑出去,到水塘边去玩。白天已经被关了一整天,好不容易可以出门去放放风,陈延年和陈乔年玩得不亦乐乎,一边闻着荷塘里的花香,一边听着此起彼伏的蛙鸣,寻找乡村生活的种种乐趣。有时他们会到树丛中去捕捉小小的萤火虫,用小袋子装着,带回家去"照明"。三个孩子每天夜里都要玩闹到很晚,才肯上床睡觉。

而在安庆这边,祖母谢氏和母亲高晓岚费尽心思,到处找人作保,交了一大笔钱,总算将陈永年保释了出来。因为受到了巨大的惊吓,又在监牢里待了几天,年纪轻轻的陈永年遭受了严重的精神摧残,出来后就变得精神失常了。一家人见了,无比地心酸,却不知该如何去安抚他。

等到外面的风声松了些,祖母才派人到乡下去,把陈延年和陈乔年接了回来。

不久后,陈遐文去安庆南水关陈家大洋房送些乡下的新鲜蔬果,陈延年、陈乔年的祖母和母亲一定要留他在家住两天。陈乔年见堂兄来了,格外亲切,把自己珍藏的一整套演戏的道具都找了出来。他想让堂兄贴上黑胡子,但是陈遐文感觉贴胡子很丑,怎么也不肯。于是,陈乔年便自己穿上戏服,腰上挂着刀,贴上黑胡子,开始唱戏。他先是贴上黑胡子,过了一会儿,又改贴上一大挂白胡子。

陈遐文问他:"你这演的是哪一出戏啊?"

陈乔年回答:"这是'伍子胥过关'。伍子胥不得过关,一夜把胡子急白了嘛!"

伍子胥，是春秋战国时期楚国太子太傅伍奢次子。楚平王听信少师费无忌的谗言，杀了伍奢。伍子胥闻讯逃走。楚平王下令画影图形，四处捉拿伍子胥。伍子胥先逃到宋国，因宋国有内乱，又打算投奔吴国。路过陈国，东行数日，便到了今天安徽省含山县北的昭关。昭关处在两山对峙之间，前面便是大江，形势险要，并有重兵把守，过关可谓难于上青天。传说伍子胥为了过昭关，一夜便急白了头。后由于东皋公的巧妙安排，伍子胥更衣换装，总算蒙混过了昭关，逃到了吴国。

演完"伍子胥过关"，陈乔年又唱起了唐朝"薛仁贵平西"和宋朝杨家将的故事片段。只见他穿上小马褂，手里挥舞着竹片制作的宝剑，口中唱念有词，演得惟妙惟肖，把陈遐文逗得哈哈大笑。家里一向紧张局促的气氛稍微得到了缓解。

陈独秀在上海的日子也不好过。他依靠编写教材，挣点微薄的生活费。此时，高君曼已为他生下了女儿陈子美和小儿子陈鹤年（后改名陈哲民），一家四口的生活开支不算小。教材不好销，陈独秀生活上经常捉襟见肘，有时不得不去向自己的好友、亚东图书馆经理汪孟邹求助。他羞于张口，只是在图书馆一坐一上午。汪孟邹知道他的难处，常常主动拿一两元钱给他回去买米买菜，艰难度日。

抄家事件发生时，陈延年刚满15岁，陈乔年才11岁。当时，他们还不懂得什么是政治、什么是革命。然而，这场抄家和逃难的风波，尤其是堂哥陈永年被抓后的"发疯"，让他们切身体会到反动军阀当局的野蛮残暴。这件事对他们的思想产生了很大的触动,启发了他们痛恨黑暗的现实,在他们年轻的心里播下了反抗和革命的种子。他们开始逐渐萌生出要改变黑暗现实、改造社会的理想和抱负。

去北京求学

陈延年、陈乔年虽然回到了安庆城的家中，但是军阀倪嗣冲依旧霸占着安徽，兵痞随时会找上门来，陈家并未获得真正的安全。祖母和母亲时时提心吊胆，担忧着兄弟俩的安危。随着年龄的增长，陈延年也萌发了离开安庆这个偏僻的地方，去往更为广阔的世界的念头。他想走出去，去求知求学，去感受新的时代潮流，他渴望到另一个天地里去锤炼自己。

在这方面，一直在外面世界闯荡的父亲无疑是最有经验的。于是，兄弟俩便写信给父亲，表达了想要离开安庆、出去求学的意愿。

陈独秀曾学过法语，喜爱法国文化，受到法国启蒙思想的影响，推崇法国大革命和民主共和思想，因此他的思想深处有着浓厚的法兰西文明情结。他后来大力倡导民主与科学，实质上也是受到法国资产阶级启蒙运动的影响。因此，他推荐俩孩子先从学习法文入手，再全面学习法国文化和历史。他通过北京的朋友，联系好了一所教会办的法文专科学校。陈延年16岁了，在陈独秀看来，这已是不小的年龄，可以出去闯世界了。

那时，陈延年和陈乔年还在安庆的全皖中学读书。接到父亲的回信后,他们当即决定动身前往北京。

1914年,祖母谢氏出资,把陈延年和陈乔年送往北京。那里有陈家的店铺,也有祖母的亲友。

陈延年和陈乔年挥手告别母亲和祖母,离开家乡,北上求学。

高晓岚非常舍不得,孩子们长这么大,几乎从未离开过自

第一章 安庆陈门 书香世家

己身边。即便是去东北,也是一家人在一起的。而这一次的离别,更不知何时能再相见。身为母亲,高晓岚非常伤感,不停地落泪。

母亲专门为两兄弟做了新的蓝布长衫。在霏霏细雨中,一家人打着油纸伞,将兄弟俩送到了港口边。

"走吧!走吧!"母亲挥挥手,双目噙泪送别自己的儿子们。

陈延年拉着弟弟的手,站在船头跟亲人们告别。

母亲紧紧地抱着松年,一直站在那里,直到再也看不见船只的影子。

此后,一直到牺牲,兄弟俩都没有再回过安庆的老家。

听从父亲的安排,他们进入北京法文高等学堂学习。这是

一所由法国天主教主办的新式学校，于清光绪三十四年（1908年）由南堂天主教圣母会创办，原为法文专科学校，属法国工部局管辖，由圣母会修士任教。当时学校只招收男生，重点培养法文人才。学校1921年后改为南堂小学，1943年改为南堂中学，均属天主教圣母会。校舍为一组中西合璧的前出轩式二层楼建筑，红色斜坡式屋顶，红砖墙，拱券门窗，建筑面积约5000平方米。

这一年，陈延年16岁，陈乔年12岁。

第二章

有为青年　自创前程

　　欲新一国，必先新一国之青年。在繁华的大上海，陈延年、陈乔年兄弟俩一面读书，一面做工，饿了吃烧饼，渴了喝凉水，寒冬还穿着单衣……虽然衣衫破旧，容颜憔悴，然而，他们的心中燃烧着一个小太阳。

　　吃苦，不算什么！他们想要改变的，不是自己艰苦的境遇，而是这个让劳工受苦的旧世界。

把艰苦当作磨炼

1915年6月,陈独秀从日本回到上海后,筹办发行《青年杂志》。在杂志创刊号上,陈独秀发表了《敬告青年》的发刊词,号召青年起来改造社会、改造中国,把中国未来的希望寄托在青年身上,为青年大声鼓与呼,并且提出"改造青年之思想,辅导青年之修养"。他这样赞美和感召青年:"青年如初春,如朝日,如百卉之萌动,如利刃之新发于硎,人生最可宝贵之时期也。青年之于社会,犹新鲜活泼细胞之在人身。"

将办刊的宗旨定位在培养青年一代上,而不是批评时政,这与陈独秀对于当时国家发展前途的思考紧密相关。在他看来,欲新一国,必先新一国之青年。正如梁启超在《少年中国说》中所云:"少年强则国强,少年独立则国独立,少年自由则国自由,少年进步则国进步。"因此,他把自己创办的这份刊物命名为《青年杂志》,其法文译名为"*LA JEUNESSE*(青年)",次年更名为《新青年》。这本杂志后来成为传播民主与科学的五四新文化运动的一个重要阵地。

《新青年》杂志广受欢迎,甚至出现了供不应求的情况。陈独秀家庭的生活状况也随之有了好转。这时,他收到了陈延年兄弟俩寄来的信。在信里,陈延年、陈乔年表达了希望去上海勤工俭学的愿望。得知两个孩子有意愿到自己身边来,陈独秀心里暗暗高兴:孩子们更懂事了,这怎能不令人欣慰呢?他立即回信,让兄弟俩马上都到上海来。到上海后,陈延年、陈乔年先是和父亲、姨母一起,一家六口(这时候陈独秀与高君曼已经正式结婚,并生有一女陈子美、一子陈鹤年)住在法租界嵩山路南口吉益里21号。

根据陈独秀的建议,兄弟俩先到法国巡捕房的法语补习学校继续学习外语,因为在老家时,两个孩子均已接受过国学教育,包括中国文化、中国历史的教育,现在需要把外语学好。同时,兄弟俩也在学习其他课程,为大学入学考试做准备。法语补习学校是由法国政府支持的上海法文协会创办的,专门培养中国的青年学生。

为了便于一边做工一边就近求学,没过多久,陈延年和陈乔年就决定搬出去住。他俩先是搬到了父亲朋友汪孟邹创办的亚东图书馆,白天有时帮着书店打打零工,晚上则借住在书店店堂里。

看到两个半大的孩子每天睡地板,汪孟邹很不忍心。他专门去找陈独秀,指责他不该让那么小的孩子搬出去住。

陈独秀回答:"这个社会原本就很险恶,年轻人就应该去'自讨苦吃',吃点苦有好处。如果孩子从小都吃不得苦,将来该怎么办?"

妻子高君曼更是于心不忍，一再向陈独秀苦苦求情："还是应该让两个孩子回来住啊！知道的人明白你这是为了锻炼他们，让他们到社会上去经风雨、见世面，不知道的人还以为是我这个继母、我这个姨母心地不好，把他们兄弟俩都赶出门去了！"

她不停地哀求，陈独秀都置之不理。

有时，高君曼说到动情处，不由得直落泪。但是，陈独秀依旧不为所动。他很不耐烦，大声呵斥道："你这是妇人之见！万万不可！"

潘赞化是陈独秀的同乡，也是陈独秀多年的老友。这时，潘赞化和陈独秀一家都住在渔阳里，两家常有来往。他对陈独秀家里的情形相当了解。

高君曼时常向他哭诉，说："独秀这个人，性情与众不同，死活不让延年、乔年回家住。我多次苦口婆心地劝说他，让孩子们搬回来吃住，两人为这事吵过不知多少次。希望你能以老友的身份，替我恳求独秀，让兄弟俩回家。他们都是我姐姐的孩子，现在他们自己的生母不在身边，孩子本身也没有任何过错。我身为姨母兼继母，无论是从名分上，还是从感情上，对待这兄弟俩都比我自己亲生的孩子还要心疼。这两个孩子又都很温顺老实，把我视如自己的母亲一样尊重。如今，不让他们在家里吃住，知道的人会说是他们父亲管教严，而不知道的人，又有谁能够谅解我呢？"

高君曼一面诉说，一面落泪。

潘赞化听了很受感动，便答应她，见到陈独秀时一定以好言相劝。没承想，陈独秀还没听他说完，就对老友挥挥手，说道："你一定是听了君曼的话，那是女人家的溺爱。那样做只会害了自家子弟。虽然用意是好的，但结果一定很坏。少年的人生，要听由他们自己去开创前途才好！"

潘赞化还想跟他争辩，但是陈独秀摆摆手，根本不听他再讲。

人心都是肉长的，儿女都是爹娘生的。有好几次，潘赞化都想跟陈独秀好好理论理论，但是陈独秀却始终不接受他的意见。

后来，潘赞化反过来一想，又觉得陈独秀的话亦不无道理。于是，他转而劝慰高君曼："这个社会是有钱人的天下，穷苦人家的孩子不能娇生惯养，还是要靠自己去独立生存。要不，将来吃亏的还是自己。"

从此，陈延年和陈乔年过起了半工半读的生活。他们夜里寄住在四马路的亚东图书馆，白天在外面同工人一样做工。有时到码头上去当搬运工，搬运货物；有时到工厂里去干活，自己挣钱谋生。平时，肚子饿了，就在街上买个大饼吃，渴了就喝凉水。到了冬天，他俩仍旧穿着单衣，夏天下大雨也不打伞，经常打了赤膊光着膀子睡在地板上。因为要一边求学，一边做工养活自己，两个人都身材瘦弱，脸色憔悴。看见他们的人都很心疼，觉得这么小的年纪还这么要强、这样独立，心里都不无感慨。

1917年1月，陈独秀接受北京大学校长蔡元培的邀请，赴北京出任北大文科学长，月薪300元，加上《新青年》杂志每月的编辑费和稿费200元，收入有了极大的改观。按说，这时他若要为陈延年、陈乔年提供上学和生活费用，已是绰绰有余。但是，陈独秀却坚持认为，孩子还是要靠自己。他每个月只给两个孩子10元生活费，并把这个钱委托给亚东图书馆经理汪孟邹，让他按月支付。

于是，两兄弟每月定期去汪伯伯处支取这笔生活费，每人每月5元。这点钱只够交学费和购买一些生活必需品，平时的伙食费等还得靠自己去做工挣取。

两个人半工半读，自谋生路，晚上就睡在书店地板上，不仅衣着破旧简陋，还经常蓬头垢面。但是，即便再困难，兄弟俩也从来不曾向自己的父亲伸手要过钱。

就这样，1915—1917年，陈延年和陈乔年在上海法语补习学校学习法语，1917年入震旦大学攻读法科，1919年进入法国政府主办的上海法文翻译学校学习，一年即毕业。

为了离学校更近一些，两人从书店搬出去，在成都路上租了一间小小的亭子间。兄弟俩依旧形影不离，身上穿的还是当年离开安庆老家时母亲特地为他们置办的蓝粗布长衫，衣服已经被洗得颜色发白。

汪原放和陈延年、陈乔年兄弟是世交。1898年戊戌政变

第二章 有为青年 自创前程

后,汪原放的父亲汪希颜和叔叔汪孟邹离开故乡绩溪县去南京,进了江南陆师学堂读书。从那时起,他们就结识了来自怀宁县、同是安徽人的陈独秀,彼此常有往来。汪原放记得他的父亲从南京寄来的信中这样写道:"今日皖城名士陈仲甫(即陈独秀)来会。"那时,陈独秀年龄虽然不大,但在汪希颜和汪孟邹眼里,却已经是安徽名人了。不久,汪家在芜湖开办了科学图书社,陈独秀就在那里创办《安徽俗话报》。后来,汪孟

邹到上海创办亚东图书馆,又替陈独秀出过几本著作。因此,汪陈两家的关系十分密切,一直没有中断过。

汪原放后来回忆:在1917年前后,他在亚东图书馆第一次见到陈延年和陈乔年。当时,他俩正在上海读书,陈独秀从北京写信给汪孟邹,让亚东图书馆从他的稿费中每月付给陈延年、陈乔年10元供他们读书生活之用。有一天,兄弟俩到亚东图书馆取钱,穿着已经发白的蓝粗布长衫。陈延年长得粗壮,似乎有点拘束,不爱多说话;陈乔年则活泼开朗,身材瘦削,喜欢说笑。汪原放和他们说了一阵子话,然后他们就走了。分别的时候,汪原放叫他们经常来玩。

从此以后,他们便熟悉起来,变成了要好的朋友。陈延年和陈乔年经常来书店里领取零用钱,不过陈延年来得少,陈乔年来得多。陈乔年为人热情,做事也勤快。他来取钱的时候,拿到钱以后,不好意思马上就走,总要帮助店里打包、送书、站柜台、开发票,不管什么活他都干,而且干得很起劲。时间不长,他就同店里的伙计们混熟了,伙计们都很喜欢他。

有一次,他正在帮店里的伙计们打包书刊,因为太过使劲,结果一不小心,咔嚓一声,把自己腰上扎着的腰带崩断了。

"啊!这可如何是好呀?"一位店伙计惊叹道。

没想到,陈乔年顺手拿起一根捆书刊的麻绳,往腰上一束,取代原先的腰带。他一边束绳子,还一边笑着说:"这个可比腰带结实多了!"

汪原放在一边听见了，不禁哈哈大笑起来。

汪原放想留陈乔年在书店里吃个午饭，陈乔年却执意不肯，他说："还是回学校吃吧。"

汪原放好奇地问他："你在学校都吃些什么？"

陈乔年不无风趣地笑答道："啃上几块面包，如果塞住了，就浇上一点自来水，还不行的话，再加上一点盐。"

他回答得轻描淡写，汪原放听了心里却很难受。他怎么也想不到，这样一位堂堂北大教授的孩子，平常的饮食竟然如此粗糙，甚至还赶不上店里打工的伙计！

"这两个孩子从小吃苦，将来一定会不同凡响啊！"汪孟邹不由得感叹道。

"独秀叔叔这个人也太狠心了，孩子这么可怜！"汪原放说。

有一回闲聊时，汪原放对陈乔年说："你们的父亲现在好了，当上了北京大学的院长，真了不起！"

没承想，陈乔年却回应道："父亲名为北大文科学长，实则只是去做新官僚罢了！他又不能'为天地立心，为生民立命，为往圣继绝学，为万世开太平'，算不得什么有识之士。"

原来，小小年纪的陈乔年，吃穿虽然简陋，心里想的却是为生民立命、为万世开太平的大事啊！

汪原放的心里不由得肃然起敬。

这一年冬天，天气已经很冷了。有一天晚上，11点左右，潘赞化在法国巡捕房上完法语课，一个人从学校走回渔阳里的家。

这时，海上的北风呼呼地刮起来，天气骤然变得十分寒冷。马路边的路灯昏暗不明。远远地，他看见有一团寒气正向自己袭来。

走近前去，仔细一看，原来是陈延年！他全身上下都被一团白色的寒雾所笼罩。这个羸弱不堪的孩子，就像沙漠上的一只小羔羊。

潘赞化见到陈延年，很是吃惊。

陈延年身上穿的依旧是一件很单薄的衣服，潘赞化用手轻轻地抚摸着陈延年的肩和背，感觉到这个孩子正在瑟瑟发抖，于是问他："你是不是生病了？这么冷的天气，你受得了吗？"

陈延年见是父亲的老友潘赞化，便低头站在马路一边，回答道："我还可以。"

看到陈延年畏冷发抖的样子，潘赞化又对他说："你跟我到家里去，我送你一件棉衣穿。"

陈延年回答："不需要。谢谢您！"

两人就这样分了手。

这件小事，给潘赞化留下了终生难忘的记忆。

陈衍庶故世后，陈家虽然比较破落了，但是他们在上海还经营有两家金店，在安徽还有几百亩的田地。陈延年、陈乔年的祖母谢氏非常精明，又很有魄力，家中产业都是她在操持经营。每年正月，她都要带人到上海去清查金店的账目，了解金店经营情况。到了上海，她就派人四处去寻找陈延年和陈乔年。

经过多方打听,好不容易在工厂里找到了兄弟俩。

祖母看见两个年幼的孙子衣衫褴褛,脸色枯槁,一看就是缺吃少穿、营养不良的样子,心疼不已,不禁伤心得落泪了。她一定要给兄弟俩买新衣服,再给他们一笔生活费。

但是,陈延年和陈乔年却不肯接受祖母的钱。他们说:"家里用钱的地方还很多。我们已经长大,应该自立了,做工挣的钱已足够用了。何况,父亲每月还给我们每人5元生活费呢!"

听了孙子如此懂事体贴的话,祖母不由得又一阵心痛:"咱们老陈家并不缺钱啊!孩子,你们可以生活得好一点啊!"

然而,陈延年兄弟俩却不这么看。他们回答:"因为我们年轻,更应该多吃点苦。祖母您不是经常教诲我们,吃得苦中苦,方为人上人嘛!吃不了苦,将来哪会有什么大出息?"

听孙子这样一说,祖母不由得破涕为笑。

尽管如此,每回到上海查账,祖母都要把兄弟俩找来,一是看看他们俩是不是又长高长大了,二是给他们一点点零用钱,招待他俩好好地吃一顿饭。

正是由于从少年时代起,陈延年和陈乔年便培养起了自立生活的能力,因此,无论是在后来赴法国勤工俭学,还是到莫斯科去进修,或是回到国内担任党的重要领导职务,他俩从来不知道什么是困难、什么是障碍,都能独当一面,独立开展工作,并且把工作做得极为出色,迅速打开局面。

编辑《进化》杂志

陈延年和陈乔年在上海求学的那几年，正值新文化运动蓬勃兴起，中国的思想界异常活跃。各种外来的思潮纷纷涌入中国，无政府主义、马克思主义、空想社会主义、基尔特（行会）社会主义、自由主义、实用主义、复古主义、国家主义、社会民主主义、科学救国、教育救国、实业救国等各种各样的思想学说，精彩纷呈，各领风骚，令人眼花缭乱。其中，主张绝对自由、不要政府的无政府主义拥有较大的市场，尤其对于广大青年具有很大吸引力。当时，许多进步知识分子最初所接受的都是无政府主义思想。

无政府主义又称安那其主义，在20世纪初，曾被当作一种社会主义的思想，在中国迅速地传播。到五四运动时期，无政府主义的传播达到了巅峰。当时，全国无政府主义的社团组织有90多个，刊物有70多种，影响波及14个省市。在上海、北京、广州等大中城市，无论是知识分子还是工人，许多人都把无政府主义视为"救国良方"。

年轻的陈延年和陈乔年在大上海目睹了贫富悬殊、两极分化的现实，对社会产生了强烈的不满，迫切渴望改变现状。他们大量地阅读了无政府主义的著作和刊物。在这两个青年眼里，无政府主义倡导"个人绝对自由、不要政府"的主张最彻底、最激进，克鲁泡特金在《互助论》一书中所提出的无政府共产主义学说是改造旧社会、创立新世界的灵丹妙药。

在这个过程中，他们陆续结识了国内一批无政府主义的代表人物，如吴稚晖、李石曾、黄凌霜、郑佩刚等人，与他们志同道合，常来常往，积极参与了无政府主义团体的各种活动。

当时，陈延年和陈乔年住在上海成都路安乐里的一个亭子间。1918年冬，一个下雪天的晚上，两人遇见了郑佩刚，彼此一见如故。由于地方军阀的打压，无政府主义的许多刊物相继停刊。陈延年、陈乔年法文极佳，郑佩刚便将无政府主义的前辈刘师复留下的许多法文著作拿来，请兄弟俩帮助翻译成中文，准备出版。

1919年1月，陈延年、黄凌霜、郑佩刚等人在上海共同组织了一个无政府主义社团，取名"进化社"，希望以此来介绍科学真理，传播人道主义。他们宣扬互助是进化的要素，提倡"各尽所能，各取所需"和无政府、无资产、自由平等的互助生活。进化社还编辑出版了"进化丛书"，创办了自己的刊物《进化》，由陈延年担任主编。陈延年以"人"的笔名，在杂志上接连发表文章，宣扬反对旧文化、旧传统，推崇无政府主义学说，对帝国主义和封建军阀的反动统治进行尖锐抨击，号召人们站起来，以极坚强的奋斗精神，反抗恶社会，强调革命必须"排患御困,勇往直前",即使进了"黑屋子(监狱)",上了断头台,亦在所不惜。

这时候的陈延年,已然是一位热血澎湃、充满激情和反抗精神的青年。

《进化》杂志销路很好,每期都是出刊即售罄。为了躲避查禁,陈延年他们在向各地邮寄《进化》杂志时,标签上都故意填写成一些通俗刊物的名称。

与火热的社团活动相比,陈延年和陈乔年的生活处境则穷窘至极。天气已经很热了,别人穿的都是单绸衫,陈延年身上还是一件很旧很脏的夹袍,纽扣都掉了几颗,下摆也裂开了。他们租住在一间小阁楼上,吃得也很简陋。偶尔等到陈延年在工厂做工发工资的日子,拿到了一笔小小的收入,他就去商店里买一个铜圆的长生果(花生),带回家来,兄弟俩便你一粒我一粒地抢着吃。兄弟俩一起分享的花生好像格外地香,格外地好吃。这,大概是他们日常粗鄙食物中唯一的调剂,也是他们艰辛生活中偶尔觅得的一点小小的乐趣。

由于缺吃少穿,正在长身体的兄弟俩都营养不良,特别是陈延年,头长得大而四肢却比较细小。能够吃上一顿好饭,对他而言便是一种享受。那时,陈延年有个相识的人请他教自己法文,陈延年没有提别的酬劳,只要求对方隔上一段时间,就请自己上馆子里去吃一顿。

即便如此困窘,《进化》月刊也能保证按时出版。这不能

第二章 有为青年 自创前程

不令人感叹兄弟俩的确是铁杆的无政府主义者。

1919年5月,由于五四运动的爆发,军阀当局查禁了思想激进的《进化》杂志。这本杂志才刚出版三期,就被迫停刊。

经过五四运动的洗礼,许多青年对社会主义产生了朦胧的向往。但是,对于社会主义究竟是怎样的,大家并不明了。多数人都把社会主义理解成一种"人人做工,人人读书,各尽所能,各取所需"的理想社会,于是,"工读"和"互助"思潮流行甚广。1919年底,在北京、上海、广州、南京、武汉等大中

城市，一批进步青年发起了"工读互助主义"的实验运动。

陈延年和陈乔年也积极参与。他们离开了学校，拒绝家里的经济资助，和一批志同道合的进步青年联合起来，实行半工半读，自助自学。

为了了解劳动者的艰辛生活，团结他们，兄弟俩还走上街头，帮助黄包车工人拉车，和工人们交朋友。但是，由于缺乏经济基础，各地的工读运动很快便宣告失败。

"既然做了就不怕"

在五四运动中,陈独秀积极参与并领导这场学生运动,亲自在公共场合散发传单,号召市民们起来抗争。北洋军阀当局的警察逮捕了陈独秀,将他关进了监牢。这在陈独秀本人看来,原本就是意料中的事情,他早就做好了"出了研究室就入监狱"的思想准备。

潘赞化在上海街头碰巧遇到了陈延年,就问他:"最近听说,你们的父亲在北京,因为五四学潮,已经被京城的警察厅总监吴炳湘逮捕了。各方面的同人正在通过同乡的关系,想方设法地努力营救。你知道这件事吗?"

陈延年很平淡地回答:"我已经听说了。"

潘赞化又问他:"你对这件事怎么看?心里是不是感到很恐惧?"

陈延年抬起头,提高了声音答道:"既然做了就不怕,怕就不去做!况且,这一次的学潮,包含有无产阶级斗争的意义,这是千古未有的事情。在当今空前复杂的情势下,危险,原本便是意料中事,也是分内之事。自古以来,志士仁人都追求能够有光荣牺牲的机会而不可得。因此,这有什么恐惧可言呢？"

潘赞化"刁难"地问道："假使同人们的营救无效，你的父亲最终被判刑，乃至处死，你会怎么想呢？"

没想到，陈延年毫不犹豫脱口回答："那不过是中国痛失了一位有学问、有见识的人，当然非常之可惜罢了！"听他的口气，十分地泰然，似乎是再寻常不过的事。

在不了解陈延年的人看来，可能会责怪他缺乏尊长之心、父子情义太薄，但是，在熟悉陈氏父子为人的潘赞化看来，陈延年虽然年纪很小，这番话语却能看出他的襟怀很伟大、思想境界很高远。

这次的对话给潘赞化留下了终生难忘的印象。那些铿锵有力的答话一直萦绕在他的耳畔。

在孙中山等人的营救下，1919年9月16日下午，陈独秀被保释出狱。

为此，李大钊专门写了一首诗《欢迎独秀出狱》：

> 你今出狱了，
> 我们很欢喜！
> 他们的强权和威力，
> 终竟战不胜真理。
> 什么监狱什么死，
> 都不能屈服了你；

第二章　有为青年　自创前程

> 因为你拥护真理，
> 所以真理拥护你。
> ············

出狱后，陈独秀从北京回到上海，租了一套大房子住下来。后来觉得房子太大，租金付不起，便分出楼上一个长厢房给亚东图书馆用。汪孟邹便让汪原放和店里的伙计过去住，房里同时堆放了一部分书籍。

那时，陈延年和陈乔年在法国政府主办的法文翻译学校进修法文，很少回父亲家。

这一年冬天，有一天，陈乔年突然跑到渔阳里来，兴奋地告诉汪原放："我和延年要到法国去勤工俭学。"

汪原放问他："大概什么时候动身？"

陈乔年回答："还有一两个月哩。"

他又接着说："我们俩的法文都比较好，到法国去是没有什么问题的。但是，我听别人讲，出国最好能懂一点英文，这样更方便。你英文好，因此，我就想请你教教我英文；而我，也可以教你学法文。"

听陈乔年这么一说，汪原放当即痛快地答应了。

于是，在出国前的一两个月里，陈乔年每天一大早就赶到渔阳里来，让汪原放教他一点英语单词。汪原放就用上海基督教青年会启蒙班的课本来教他。后来，汪原放患了盲肠炎，因为怕有传染性，不敢再去渔阳里住，只好睡在书店里。陈乔年仍然坚持每天大清早就跑到书店里来，让汪原放坐在床上教他。

陈乔年学得非常认真，时间虽然不长，但是进步很快。到他出国时，已经能够用英语进行一些简单的对话，还可以借助《英汉字典》看一点英文书了。

据汪原放回忆，1919年，在陈乔年出国之前，还发生了一件惊险的事。有一天，陈乔年对汪原放说："有个朋友有几种书，想拿来你这里托卖。"

汪原放回答："好。什么书？你看着好不好？"

陈乔年说："很好。"

汪原放接着说："你让他拿来吧，汪叔叔会答应的。"

于是，陈乔年便带着郑佩刚拿了一包书来。汪原放把这些书收下，放在柜台上卖。他自己也一本一本地翻看了。其中有克鲁泡特金的《互助论》，有刊物《自由录》等等。这些书都是阐述无政府主义思想理论的，文字通俗流畅，很吸引人。

没几天，这些书都卖光了。郑佩刚过来看了看，见书都卖完了，就又送了一批过来。他告诉汪原放："泰东图书局也卖掉不少了。"

谁料有一天早上，汪原放刚打开店门，突然见有一个英国巡捕带着两个中国人走进店堂里。其中一个中国人指着郑佩刚寄卖的那些无政府主义的书，问道："这种书，你们还有吗?"

汪原放不知所以,如实回答:"还有。"

两个中国人便一起说道:"你们都拿出来吧!"

那外国巡捕顿时勃然大怒,高声嚷道:"I'm very angry! I'm very angry!(我非常非常生气!)"脸色极其难看。

那两个中国人便告诉汪原放:"我们是巡捕房里的,外国人很气恼,你们竟敢卖这种坏书!你们经理在吗?"于是,巡捕把汪原放的叔叔、书店的经理汪孟邹捉到巡捕房去了。

店里人赶紧跑到泰东图书局去看。原来,那里也有人在搜查书籍,泰东图书局的老板赵南公也被捉了去。

汪原放立即赶到群益书社去,将事情的来龙去脉细细地告知了书社经理陈子沛和陈子寿。他们俩商议了一会儿,告诉汪原放:"不要紧!不要急!我们马上就去找行严先生。"行严就是大律师章士钊。

在行严先生的帮助下,几经周折,法院最终对赵南公和汪孟邹罚款,判处郑佩刚 6 个月徒刑。郑佩刚入狱后,陈延年和陈乔年不仅担负起了他们一起创办的无政府主义社团"进化社"的全部事务,还主动帮忙照料郑佩刚的家人。

这件事过后,陈乔年还一如既往地到亚东图书馆去。他感到很愧疚,觉得对不住汪伯伯。但是,汪孟邹并没有怪罪陈乔年,反而替他们担心,说:"你们自己也要注意,别去惹他们。"

陈延年和陈乔年正式动身去法国那一天,汪原放的病还没好。

陈乔年专门跑到他的病床前同他告别。他对汪原放说："我要走了，动身了，到法国去。你瞧！"然后抬起脚给他看。他脚上穿着的是一双雪亮放光的新皮鞋。

汪原放说："不怪哩！衣服是新的，鞋子也是新的，一新到底了！"

陈乔年回答："是啊！这一套衣着，全都是廖仲恺先生那里一道发的。"廖仲恺那时担任中国国民党的财政主任。陈延年和陈乔年赴法留学，得到了他的部分资助。

临别前，陈乔年紧紧握着汪原放的手，跟他开玩笑说："我回来的时候，一定要拿名片来会会你这个大经理！"

两位胸怀理想的年轻人就此分别，今后他们将在如火如荼的革命岁月中再度相逢、并肩战斗。

赴法勤工俭学

1840年第一次鸦片战争以后，中国的国门被打开了。西学东渐，西方的科学、技术、文化、教育等现代化知识逐步传播到了中国。越来越多的中国人开始放眼看世界，把救亡图存、复兴国家的希望投向了西方，特别是投向了欧洲大陆。中国的知识界开始认识到，落后就要挨打，而要改变落后的状况，就须"师夷长技以制夷"。当时留学的专业逐步从初始的军事转向了政治，中国到欧美去留学的人数也不断增长。但是，那时去海外留学费用十分高昂，最低廉的一年也需花费六七百元以上，这样的一大笔支出，对于绝大多数中国的读书人而言，都是难以承受的。

为了改变贫苦学生出国留学无门的境况，1912年，教育家李石曾和吴稚晖等人在北京成立了留法俭学会，鼓励青年学生通过勤工俭学的方式，以低廉的费用到法国去留学，学习先进的科技文化。1915年，李石曾、蔡元培等人在巴黎组织了勤工俭学会，宗旨是"勤于工作，俭以求学，以进劳动者之智识"；又于1916年成立了华法教育会，作为留法勤工俭学的工作机构，开始大量招募赴法勤工俭学的青年学子。然而，当时欧洲正在经历第一次世界大战，出于安全的考虑，基本上没有人响应。

1918年，第一次世界大战结束。法国虽然是战胜国，但是国内的劳动力十分匮乏，急需大量的劳动力来满足工厂用工之需，而中国则是世界上劳动力资源最为丰富的国家。因此，从中国引进青年学子，通过勤工俭学的方式，在法国一边做工一边学习，就成了一种可能。五四运动后，留法勤工俭学运动蔚为壮观，全国多个地方都设立了留法预备学校。

1919年，陈延年、陈乔年考入了法国政府在上海法租界主办的法文翻译学校。这所学校的前身是创办于1886年的法文书馆，当时是法租界公董局专为教授中国人法语而设立的。学校最初设在今天的金陵东路63号。第一期招生100人，专授法文。夜晚招一个补习班，专门教法租界执勤巡捕初级法文，以方便法租界的管理。1913年改名为"中法学堂"，实行法国学制。陈延年、陈乔年进入该校专修法文，为赴法勤工俭学做准备。

1919年9月10日，上海《时事新报》刊登了一则新闻《留法勤工俭学预备科之组织》。新闻中介绍说，现在法国的货币明显贬值，预计去法国留学的路费和赴法后进入工厂做工前所需要的一两个月的生活费，大致只要300元就足够了，因此，这确是穷苦学生赴法留学的绝好时机。而留法勤工俭学预备科，可以为学生出国留学提供协助，可以安排学生白天学习法语、晚上学习工艺,每天只需交费10元钱。学成之后,该组织就可安排勤工俭学的学子前去法国,并推荐其到工厂做工。

陈延年看到了这条新闻,非常兴奋,回家就同陈乔年商量。这时兄弟俩都还在学校学习,但是能有一个机会马上赴法国留学,对于他们而言无疑是一个极大的诱惑——到法国去,既可以学习先进的科技文化,还可以开阔眼界,学习西方先进的政治,用他们自由、民主的思想来改变中国贫困落后的面貌。于是,兄弟俩决定,中断正在学习的学业,想方设法尽快赴法勤工俭学。

陈延年对赴法后的生活、工作状况做了一个初步的估算。按照当时法国的最低工资,做工每天可以得到15法郎,去掉星期日休息,每月能赚到390—400法郎。如果法国的工厂能够提供住处,还可以把住宿费省下来;倘若工厂不安排住处,兄弟俩就在外面自己租房,这样还可以自己做饭吃,又可以省下不少伙食费。两个人都是吃苦耐劳惯了的年轻人,估计每人每月的伙食费有150法郎就足够了;再扣去一些生活用品的开销等,每人每月大约可以省下150法郎,那么一年就可以攒下1800法郎。而用这笔钱,在法国上一所中等实习学校是不成问题的,因为那些学校每年的学费大概1200法郎。更何况,两个人在学校放假期间,还可以全力做工,挣更多的钱。

赴法勤工俭学要求必须懂法文,兄弟俩这两三年一直都在补习法语,法文极佳。他俩一直都在一面打工一面学习,身体也都很健壮，技能也熟练，到法国后直接进工厂去做工，丝毫不成问题。但是，赴法留学要求每人"自备三百元路费及一百元留法生活费"，这笔钱实际上就是华法教育会要求的必须准备的赴法保证金。

那么，到哪里去筹这么大一笔钱呢？

父母是子女在人世间最好的靠山，兄弟俩首先想到了他们的父亲，于是便给在北京的陈独秀去信。

当时，陈独秀刚刚从监牢里被释放出来，生活也很潦倒。因为有人说他曾去八大胡同逛妓院，陈独秀背负污名，没法再在北大待下去了，收入也大大减少。得知兄弟俩想赴法留学，去外面开阔眼界，陈独秀自然十分支持，但是，在提供保证金方面，他却有些爱莫能助。

陈独秀给兄弟俩回信，告知自己可以资助他们部分留学路费；如果不足，他还可以再去筹借一些。至于担保金，他却没有提及，反而郑重其事地建议他俩改去俄国留学。那时，俄国十月革命取得成功，整个国家正处在一个朝气蓬勃、蒸蒸日上的时期，而且，俄国人也很欢迎中国的青年学子，不需要提交任何保证金。

陈延年、陈乔年收到父亲的回信，不由得有些失望。看来，父亲手头也不宽裕，不可能给他们提供太多的经济支持。至于父亲建议他们去俄国留学，兄弟俩则大不以为然，因为当时这两个年轻人崇尚无政府主义，反对阶级斗争，对马克思主义并不认同，对俄国革命也不认同。

无奈之下，陈延年、陈乔年找到了父亲的好友吴稚晖帮忙。吴稚晖是知名的无政府主义者，兄弟俩希望他能够出面，为他们以及他们的两位朋友提供赴法留学经济担保。

吴稚晖向来十分欣赏青年无政府党人陈延年和陈乔年，认为这两个小兄弟是陈独秀先生优秀的公子，志向远大，品行端正，令人敬佩。因此，他二话没说，就给时任上海华法教育会执事（主管，相当于今天的总干事）的沈仲俊去信，告知陈延年等四位青年学子无法一下子凑齐400元的保证金；但是，这四人到了法国以后，生活费等各项事宜均能自理，无须华法教育会承担。他同时告诉沈仲俊，这四位也都是李石曾先生一向钦佩的年轻人，恳请他想方设法帮助他们早日成行。

过了一个月，吴稚晖再次给沈仲俊去信，请他帮助陈延年、陈乔年解决赴法的船票。他主动提出，让陈延年和陈乔年以无政府党人的资格，漫游世界，要求沈仲俊为他俩买好船舱座位，让他们可以尽快成行。吴稚晖还同时给法国的朋友写信，希望他们友好地接待陈延年和陈乔年。

就这样，由父亲和廖仲恺等人资助路费，再经过吴稚晖的周旋，1919年12月25日，过完冬至没几天，陈延年、陈乔年便同几十名学生一道，在上海登上了法国万吨级邮轮"盎特莱蓬"号。这是中国第12批赴法国勤工俭学的学生。每批100人左右。截至当时，到法国勤工俭学的学生已有1000多人。

陈延年、陈乔年乘坐的是四等舱。当时的船票一等舱800元，而四等舱仅需100元。四等舱原本为货舱，是为了照顾贫穷的勤工俭学生而临时改设的，船舱长不过十六七米，宽不过十三四米。舱里没有什么家具，昏暗不明的船底，到处堆放着货物，学生们睡的都是重叠的双层床铺。

刚出发时，船舱内坐了30多个人。到了香港，又上来了40多名学生。船舱里就显得格外拥挤，空气也十分浑浊，加上靠近机器房，一路上都伴随着机器的轰鸣声，相互间说话必须大声才能勉强听清。伙食也很粗劣。陈延年和陈乔年小心翼翼地把自己的裤脚扎紧，以防被臭虫叮咬。

当时，勤工俭学生分为官费生、俭学生和勤工生三类。官费生由地方政府选送，费用由政府提供。勤工生几乎没有准备备用金，到了法国后就必须马上做工以赚取生活费。与勤工生不同，俭学生虽亦为自愿自费赴法，但已解决了部分的经费，因此在做工和求学上有更多的选择余地。陈延年和陈乔年是以"无政府党人"身份出国，有部分的省款资助，因此属于俭学生。

勤工生和俭学生们为了节省开支，一路的旅途生活非常艰苦，多数乘坐的都是没有等级的舱位，有的甚至和牛、马待在一个船舱里。他们从上海启程，途经香港、西贡（今胡志明市）、科伦坡等地，经东海、南海、印度洋、亚丁湾，然后进入红海，穿越苏伊士运河，经过塞得港进入地中海，最终到达法

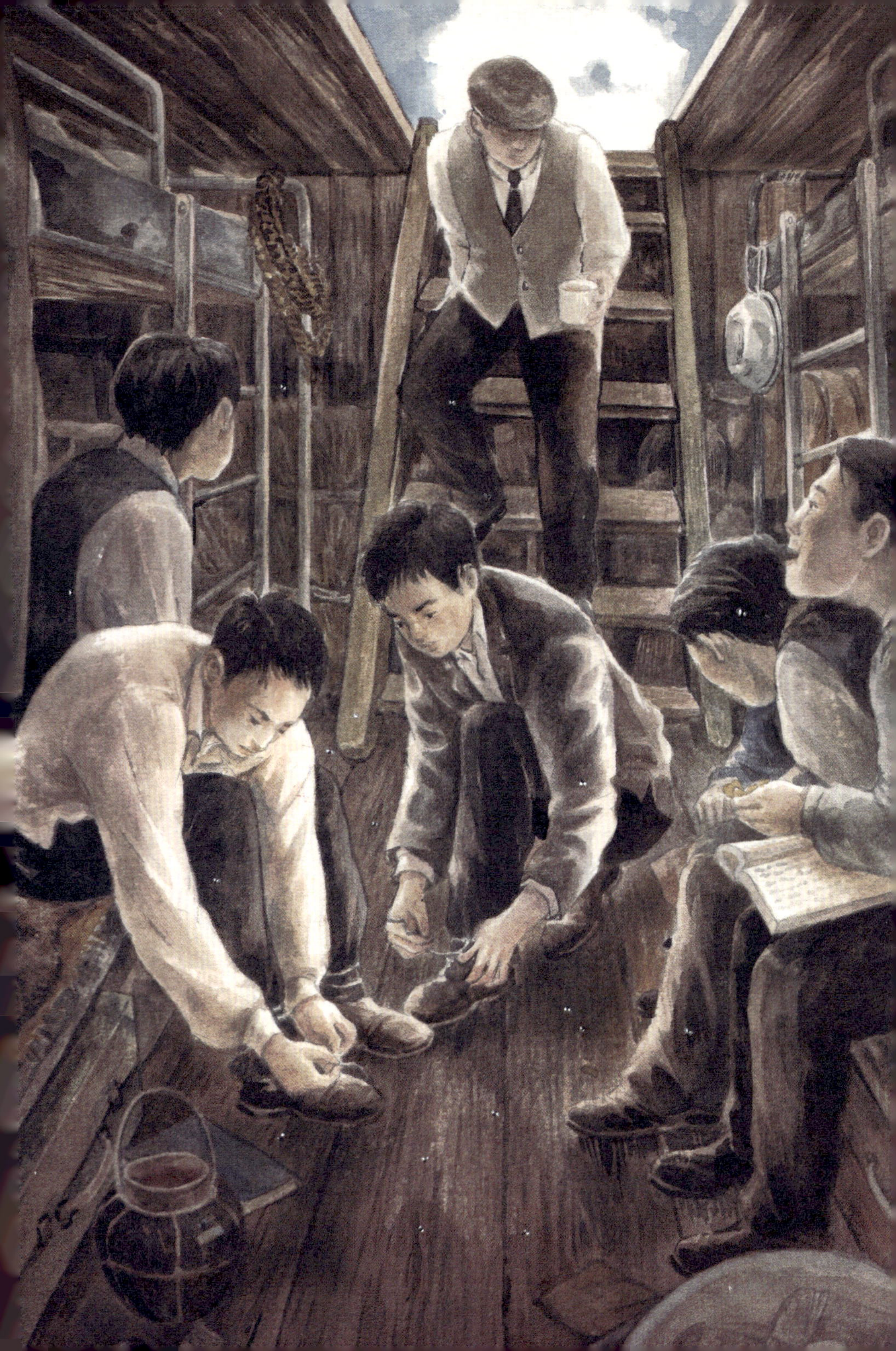

国南部港口马赛港。整个行程需要一个多月的时间。

长途跋涉,旅途劳顿,许多人在船上呕吐得天昏地暗。但是,和陈延年、陈乔年兄弟俩一样,这些年轻学子怀揣着改造社会、科学救国的理想,他们愿意走遍各大洲,去学习外国的先进文化,学习外国的先进政治,用于改造落后的中国,唤起可怜的同胞,惊醒他们的睡梦,在中国缔造一个自由的新世界,让每个中国人能够做幸福的新国民。因此,旅途和生活的艰苦对于他们而言都不算什么。

别离故国,奔赴他乡,一路之上,触目所及,都是茫茫大海。大海之上,是圆圆的穹庐。蓝色的海水,托着他们这艘孤独的邮轮。远眺望不见天际,看不到尽头,唯有白云悠悠。

中共早期领导人、后来成为陈延年与陈乔年亲密战友的赵世炎,曾在赴法途中和王光祈合作写下了这样一首歌:"山之涯,海之湄,少年中国短别离。短别离,长相忆,奋斗到底,唯我少年有此志气。"

邮轮到了各地的大海港,都要停上两三天,装卸货物。有钱的人上岸去进餐、购物,陈延年与陈乔年他们这些穷学生就去参观名胜古迹,了解当地民情。

陈延年、陈乔年兄弟俩看到,在许多城市里,尽管处处是高楼大厦,街上许多穿着体面的绅士、淑女,但也有不少人衣衫褴褛,沿街乞讨。在有的港口,还有一些穷苦的儿童簇拥在邮轮周围,伸出又黑又瘦的小手,向乘客们乞哀告怜。

有乘客从口袋中掏出几枚硬币抛入海中，那些穷孩子们立即争先恐后地跳入海水，去摸寻那些硬币。船上那些人一个个像看戏似的，看得津津有味。有钱人以此取乐，孩子们则以此谋生。沿途所见的这一切，让陈延年、陈乔年深切地感受到，世界上的人虽然同处在一个天空之下，却过着截然不同的两种生活，到处都是这样的不公平和贫富不均。陈延年、陈乔年的心中，有不平，有困惑，更有改变这一切的热望。

据汪原放后来回忆，陈延年、陈乔年到了法国后，一开始在里昂的一家工厂里做工，半工半读。陈乔年和汪原放还经常通信。

汪原放在信里问陈乔年："你们在工厂里都做些什么？"

陈乔年回信说："第一步是学翻砂……"

可惜那些信汪原放后来丢失了，信的内容也大多记不清了。

除了通信外，亚东图书馆的《水浒传》标点本出版后，汪原放还曾给陈乔年兄弟俩寄过两本；后来，亚东又出版了《红楼梦》标点本，汪原放也给他们寄过。这是中国古典小说最早的标点本。后来陈乔年从法国到苏联去留学，还曾写信告诉汪原放，去苏联留学的同学的箱子里，几乎都装有亚东图书馆出版的标点本《水浒传》《红楼梦》《儒林外史》等书，这着实让汪原放有些得意。

陈延年、陈乔年到法国时，正值第一次世界大战刚刚结束，法国的工厂开工不足。他俩在工厂里做工，资本家发的工资不全是现金，有时要搭配一部分彩色的风景明信片以抵工钱。他俩无法处理，便将这些风景明信片寄给汪原放，请汪代他们卖掉，再把卖掉的钱寄回给他们。

几年里，兄弟俩陆续寄来了不少的明信片，大部分汪原放都帮他们卖掉了，最后还剩下100多张未能卖掉，汪原放便一直都保存着，想着有朝一日能够物归原主。谁能想到，兄弟俩竟然相继牺牲。这些明信片便成了汪原放对两位好友的一份珍贵记忆。解放后，上海革命历史纪念馆的一位同志找到汪原放，征集陈延年和陈乔年的遗墨、遗物，汪原放便把这些明信片全都上交了。

第三章

追寻真理　勇立潮头

"山之涯，海之湄，少年中国短别离。短别离，长相忆，奋斗到底，唯我少年有此志气。"

为了探寻真理，找到救国救民的道路，陈延年、陈乔年兄弟俩和一群志同道合的年轻人一起，远渡重洋，赴欧洲留学。在残酷的现实斗争中，他们逐步辨明了真理，摆脱了无政府主义，成为坚定的马克思主义信仰者。

在法国巴黎的一家小旅馆中，中国少年共产党成立了。这是一次终将改变旧中国的新的觉醒。

令人失望的留学生

经过一个多月漫长的航行，1920年1月28日，陈延年和陈乔年终于抵达法国马赛港；随后转乘火车，于2月3日抵达法国首都巴黎。

1920年初，法国还处在战后经济恢复时期，用工量比较大，赴法勤工俭学的中国学生很快都被安排进厂做工。这些学生到了法国以后，有的一边做工一边上学，有的先去工厂做工然后再求学，还有的则先入学再去做工。绝大多数的学生都在勤工俭学，华法教育会也比较负责任，一直竭尽所能地帮助他们。

当时，有四五百名中国留学生相继进入了70多家工厂做工，还有很多学生平时打零工，做些杂活。暂时没有做工的学生则只能依靠勤工俭学会发放的一点少得可怜的维持费，勉强度日。

陈延年和陈乔年到了巴黎以后，在华法教育会的帮助下，进入了巴黎大学所附设的巴黎法文协会学习。巴黎法文协会的教师都由巴黎大学的教授兼任，每天上课4个小时，课程包括文学、历史、地理、博言学（即语言学）、法国文明史等，学期长短则根据学生的学业程度来确定，学费是每季度250法郎。因为学校不安排住宿，陈延年他们便在凯旋门附近的哥伯凡街 32 号租了一间房，每月租金 120 法郎。房间里有现成的煤气炉，可以自己做饭吃。在巴黎，自己买菜做饭，和在外头饭店里吃饭相比，要省钱很多。因此，虽然需要付房租，但是伙食费可以大幅度降低。他们的开支已算是相当节省的，然而，这里毕竟是法国首都，每月的生活费至少也要 500 法郎，即使是在乡下，也需要两三百法郎。

陈延年希望能够接受法兰西系统的高等教育，因此，他和弟弟计划先在巴黎法文协会补习法语，争取当年的 10 月份或者次年报考巴黎大学，通过该大学所设的 ACN 班，然后再进入大学分科学习。

在赴法过程中，陈延年接触了很多留学生。在他看来，这些留学生大多没有自己的头脑，不会独立思考。华法教育会中那些所谓的无政府主义的同党人士也是如此。这些人只会说一些工业、农业的门面话，而对科学自身的真正价值及其特殊的研究方法，几乎一无所知，也一无研究。他们给赴法的华工写文章看，竟然还有抄袭国内报刊上的旧作的。陈延年认为，这等人的知识大都没有超过李石曾，头脑还不如李石曾明白。在留学生中，还有许多人动辄声称"胡适的思想好，我和他通过信"，要不就说"陈独秀先生真不错，我的朋友与他相好，我也曾见过他"。陈延年原本就对父亲的作为很抵触，也不同意他的观点，当听到这样一番话，他觉得可笑至极，也倍感失望。他怎么也没想到,即便是到了海外,见到这一批号称是最进步的知识分子,他们的见解居然比在国内的还要令人失望。

1920年2月18日,陈延年给在国内的好友丁肇青写了一封信,如实地介绍了这些情况。

丁肇青接到陈延年的信后,认为这封信可以帮助那些准备赴法勤工俭学的青年了解相关情况,就在《北京大学日刊》上发表了这封信,并写了一则《附识》,评价陈延年"是个诚实的人,只知道真理,不知道什么叫'崇拜',什么叫'偶像',所以他的话都是很直率的,都是由他精密地观察由良心上发出来的"。

从陈延年的这封信也能看出,当时他对父亲所主张的马克思主义学说不以为然。虽然陈延年否定对自己父亲的崇拜,但是,赴法勤工俭学的学生中,给陈独秀和胡适写信的人着实不少。蔡和森就曾给陈独秀写过信,专门请教马克思主义等问题。

1920年夏天,上海共产主义小组的成员陈公培等人要到法国勤工俭学。临行前,陈独秀写了一封信,托他捎给陈延年和陈乔年。陈公培抵达法国时,华法教育会安排陈延年去迎接,将他送到了华侨协社。陈公培拿出了陈独秀的信。

陈延年接过父亲的信,满不在乎地对陈公培说:"独秀那个人,你别理他!"说完,将信随手往口袋里一塞。

在这封信里,陈独秀谈到,自己正在帮助陈望道翻译《共产党宣言》。他劝说陈延年、陈乔年兄弟俩早日脱离无政府主义,转向信仰马克思主义。

与无政府主义决裂

为了节约开支,陈延年兄弟二人在巴黎学习一段时间后,转到了法国圣梅桑(今为德赛夫勒省圣迈克桑莱科勒)的一所中学学习法语。学校名称是当费尔-罗什罗初级中学。这是一所县立中学,学校收费低,生活成本也比在首都巴黎低多了。1921年,兄弟二人仍在圣梅桑求学。但不久后,为生活所迫,两人未毕业就离开了该校。

当时,无政府主义者在法国拥有很大的势力,在法国留学的中国勤工俭学生中,像陈延年一样受无政府主义思想影响的人也占有很大比例。然而,无政府主义不仅未能对改造法国社会起到积极的推动作用,反而越来越成为替资本主义制度辩护的维护者。随着陈延年和陈乔年对法国国情和资本主义的深入了解,他们的思想也在慢慢地起着变化。而现实斗争的残酷,更让他们认识到,无政府主义者的不作为、不抵抗、反对暴力的方式,最终只能导致妥协和失败。

这期间,在法国发生的几件大事,从根本上改变了陈延年和陈乔年的思想倾向。

第一件事是争取留学生权益的"二二八"运动。

在第一次世界大战期间，有14万名华工赴欧洲参战，其中有4万多名华工去了法国。至1920年底，去法国勤工俭学的中国留学生也超过了1600人。这些留学生中，有的人身体素质不佳，有的人不会说法语，有的人年纪尚小，只有十五六岁，基本没有学习过什么技能。不少学生赴法时几乎没带什么钱，甚至身无分文。他们到了法国以后，找不到工作，就只能找华法教育会寻求救济和补助。

1920年起，欧洲爆发了严重的经济危机。法国受经济衰退的影响，加之有600多万名退役军人等待就业，导致失业风潮席卷全国。原先许多被安置在工厂的中国留学生陆续遭到解雇，学生找不到工作，付不起房租，只能住在华法教育会所在地华侨协社的帐篷里，每月领取微薄的生活维持费。

1921年初，失业的勤工俭学生有1300多人，占总数的80%。到了严寒的冬天，甚至有几十名学生因为饥寒交迫，生病死了。

没有收入的学生依靠向华法教育会借贷度日。但是，华法教育会本身没有收入来源，到1921年初，华法教育会已债台高筑，难以为继，决定停止给留学生发放生活维持费。而当时的北洋政府也拒绝给予救济。这就把那些既没有钱又找不到工作的留学生们逼入了绝境。

2月27日，蔡和森、李维汉等人在巴黎召开留法勤工俭学生代表大会，提出要争取生存权、求学权，要求中国驻法公使馆、领事馆、留学监督处、华法教育会四机关向政府请发补贴，给留学生每人每月发放400法郎。2月28日，400余名勤工俭学生来到了中国驻法公使馆前请愿，要求解决他们的困难，遭到了公使馆的拒绝，法国警察还强行驱散了学生，史称"二二八"运动。

为了防止事态扩大，中法政府当局成立了留法中国青年法中监护处，答应发给勤工俭学生每人最低的生活维持费；尽量帮助学生向学校交涉，允许他们暂时留校学习；愿意回国者，则可以设法送回国去。不久，部分勤工俭学生拿到了最低生活

维持费。

之后，在李立三、赵世炎等人的号召下，部分勤工俭学生成立了"勤工俭学会"，致力于积极找寻工作。陈延年和陈乔年都加入了。

这次留学生的主动斗争取得了局部胜利。陈延年和陈乔年虽然是半官费生，没有直接参与，但是他俩也领到了最低生活费。他俩由此认识到，这种主动抗争的效果是非常明显的。同时，他俩也认为，勤工俭学生的几支不同派别和信仰的力量应该消除隔阂，团结起来，一致去争取自己的权益。

第二件事是反对中法秘密借款的斗争。

1921年6月，北洋政府以印花税、验契税和滇渝铁路修筑权做担保，计划向法国当局借贷3亿法郎，名义上是用来救灾，实际上则是用于购买军火。这件事被法国报纸披露以后，遭到了勤工俭学生和旅法华工的一致反对。赵世炎和周恩来、蔡和森等人联合巴黎的进步团体，组成了拒款委员会，在巴黎召开拒款大会。然而，中法两国政府无视华工和留学生的抗议，仍然商定了贷款协议，并且决定将贷款额由3亿法郎提高至5亿法郎。

8月13日，赵世炎等人再次组织旅法华工各团体举行拒款大会。中国驻法公使陈箓不敢出席，委派秘书王曾思到场。王曾思态度蛮横，遭到了留学生们的一顿痛打，被迫代表陈箓签署了反对向法国借款的声明。这一声明由拒款委员会电告国内各大报馆,并送给了法国外交部。

对于留学生们的抵制活动,在法华工给予了全力支持。华工甚至将驻法公使馆的电话线剪断,还在公使馆门前泼上了酒精。在留法学生和华工的强烈抗议下,法国政府害怕事态扩大不好收拾,不得不宣布暂缓贷款。由留学生们发起的拒款斗争,终于取得了胜利。这场胜利也让陈延年、陈乔年看到了工人和学生们团结起来主动抗争的巨大力量。

第三件事是争回在里昂中法大学上学的斗争。

1921年夏,华法教育会吴稚晖等人用法国退回的部分"庚子赔款",在法国里昂筹建里昂中法大学,声称可以解决在法勤工俭学生的入学问题。但是,当里昂中法大学建起后,吴稚晖却不兑现诺言,反而暗中与北洋政府磋商,在国内另外招收了100多名地主豪绅及资本家的子弟,将他们送到法国进入里昂中法大学。对于那些已经在法国勤工俭学的穷学生,则打算一个也不招收。

开学前,里昂中法大学发布公告,要求必须具有文凭且需继续深造的学生,才能进入这所大学,每位学生在注册时必须带足生活费,而且必须通过入学考试。本来,里昂中法大学是中国学生的海外补习学院,是为留学生补习外语和某些专业知识的,入学无须文凭与考试。里昂中法大学的这一要求,显然是专门针对在法勤工俭学生的,因为这些学生大都没有充足的生活费。

更为严峻的是，由于拒款斗争，留法中国青年法中监护处还宣布，从 9 月起停发勤工俭学生的维持费。这些举措一步一步地把在法勤工俭学生逼向了绝境。于是，他们派出代表在巴黎华侨协社集会，一致通过了争取回里昂中法大学上学的决议。

9 月 20 日，赵世炎、蔡和森、李立三、陈毅等 100 多人组成了"争回里大先发队"，准备赶往里昂，占领那里的里昂中法大学。9 月 21 日，他们强行进入里昂中法大学，占领了一座旧楼房并且住下。没想到，第二天，大批法国武装警察就包围了大学，并采用欺骗的手段，将这 100 多名学生带到兵营里软禁起来。只有赵世炎借机逃脱。20 天后，这 100 多名留学生被强行押上汽车，换乘轮船，从马赛港出发，直接遣送回中国。

这一系列的事件，让陈延年、陈乔年兄弟看到了华法教育会和北洋政府的冷酷无情，彻底看清了无政府主义代表人物吴稚晖等人的真面目，更清楚地认识到了无政府主义的欺骗性。现实斗争的残酷告诉他们，无政府主义者是解决不了现实问题的。

他们幡然梦醒，开始寻找新的拯救国家的主义和道路。

信仰马克思主义

在现实斗争中，陈延年和陈乔年结识了蔡和森、周恩来、赵世炎、王若飞等人，并得到了他们的关心、支持与帮助。受他们的影响，兄弟俩相继阅读了《共产党宣言》《共产主义入门》等法文版的马克思主义著作，对马克思主义的唯物史观、阶级斗争和无产阶级专政学说渐渐有了一定的理解。特别是马克思、恩格斯对无政府主义一针见血的批判，更让他们受到了很大的触动。

1921年秋天，陈延年、陈乔年与李合林、华林、李卓等人在巴黎成立了工余社。1922年1月15日，工余社的机关刊物《工余》创刊，向各国发行，由陈延年负责编辑。

这期间，发生了"李合林刺杀陈箓事件"。

李合林当时是旅法著名人士郑毓秀女士的"代笔师爷"。1922年3月20日，郑毓秀在巴黎举行庆祝生日宴会，陈箓等人应邀出席。宴会后，陈箓及其夫人等乘坐的汽车刚要发动，即遭遇枪击。

事后，李合林到警察局投案自首，解释了自己谋杀陈箓的原因："因为公使对本国人失去了他应有的态度和责任——赶逐里昂百余学生归国，所以我决意杀他。"

警察接着问他："你还有政治上的抱负吗？"

李合林连声回答："否！否！我也没干扰你的秩序。我既自首，你也不必再追问了！就是判我几年监禁，我还要回去读书呢！"

这件事在法国勤工俭学生中引起了巨大的轰动。大家纷纷拍手称快，并积极募集资金，为李合林辩护。

在各方面的施压下，法国政府不得不从轻处罚，只判处了李合林监禁九个月的刑罚。

李合林是陈延年和陈乔年的朋友，原本也是一名无政府主义者，现在竟然彻底抛弃无政府主义的主张，直接采取激烈的武力抗争的方式，而且谋杀的是中国驻法公使。他的这一举动对陈延年兄弟俩产生了很大的震动，特别是在思想上激起了根本的转变。陈延年在他所编辑的杂志《工余》上，第一次高呼"暗杀""革命"，并为这种勇敢的举动大声叫好。

他俩的思想转变并非突如其来。

陈延年和陈乔年一直生活在社会的底层，与老百姓有着广泛的接触，他们早已认识到中国现实社会的黑暗，痛恨现存的社会制度。当初，在无政府主义的影响下，他们认同了其"不要国家、不要政府、不要法律、不受约束"的思想主张。但是，残酷的斗争让陈延年和陈乔年逐渐认识到了无政府主义的欺骗性，也看出了无政府主义在改变社会制度方面的无能为力及无所作为，于是开始主动抛弃无政府主义思想，断绝与无政府主义者的往来，自觉地同无政府主义的首领吴稚晖、李石曾等人做斗争，毅然地站到了广大勤工俭学生这一面。

旅法的中国共产主义者也十分关注陈延年、陈乔年等人的思想转变。他们满腔热忱地在思想上、学习上帮助他们，积极争取他们。在陈公培、赵世炎、周恩来等中共早期党员的热情帮助下，陈延年兄弟终于辨明了真理，摆脱了无政府主义，逐步转向了信仰马克思主义。

这一转变，标志着陈延年和陈乔年人生历程上的一次飞跃。兄弟俩经过几年的苦苦摸索，终于同他们的父亲陈独秀一样，走上了信仰马克思主义的道路。

这样的结果，显然是陈独秀乐于见到的，但也是出乎意料的。

因为在国内就有帮助书店出售进步书刊的经历，于是，陈延年、陈乔年便设法在巴黎街头开办了一家小书店——中国书报社，出售宣传社会主义和共产主义的进步书刊，其中就包括陈独秀主办的《新青年》杂志，还有《青年周刊》《先驱》《向导》等报刊和"新青年丛书""人民出版社丛书"等。

这家小书店吸引了大批进步的留学生和华工，也成了周恩来、赵世炎等人聚会、商讨开展革命活动、筹建旅欧共产主义组织的场所。

组织旅欧中国少年共产党

1921年7月23日，中国共产党第一次全国代表大会在上海召开。来自全国和旅日的13名代表以及共产国际的2名代表出席。当时，全国共有党员50多名。这次大会选举陈独秀为党的中央局书记。当时，中共旅欧支部因为收到消息较晚，未派代表与会。

1922年6月3日，在巴黎西郊布洛涅森林的一个小广场上，来自法国、德国、比利时的中国留学生周恩来、赵世炎、王若飞、李维汉、陈延年、陈乔年、郑超麟等18人在这里悄悄集会。他们租借了18把铁椅子，非常随意地围成一圈开会。当有人来时，便停止交谈。

会议进行了三天，讨论了共产主义青年组织的党名、党纲、党章等问题。大家一致同意组织成立"旅欧中国少年共产党"，以马克思主义为指导，选举赵世炎、周恩来、李维汉组成中央执行委员会，推行赵世炎担任书记，周恩来为宣传部部长，李维汉为组织委员。

会后，旅欧中国少年共产党将领导机构设在巴黎十三区意大利广场附近的戈德弗鲁瓦街17号一家小旅馆的三楼。这个小房间只有几平方米大小，除了放下一张单人床和一张小木桌外，几乎再也放不进其他的东西。这是赵世炎当初从法国北方迁来巴黎后租住的一家小旅馆。陈延年和陈乔年住在楼下房间，赵世炎、王若飞住在二楼房间。从事领导工作的主要是赵世炎和陈延年。

当时，为了保密起见，所有的成员对外都采用了化名。赵世炎化名"乐生"，周恩来化名"伍豪"，王若飞化名"雷音"，陈延年化名"林木"，陈乔年化名"罗丝"，李维汉化名"罗迈"。

随后，又成立了共产主义研究会。

8月1日，开始出版旅欧少共机关刊物《少年》月刊。

有趣的是，这份由陈延年等人负责编辑的刊物，其法文名字也是"*LA JEUNESSE*"，与陈独秀在国内主办的《新青年》杂志同名。

陈延年后来接任了旅欧少共宣传部部长，完全脱产，负责编辑《少年》这份刊物。陈延年自己负责刻写蜡纸，再用油印机油印。

陈乔年没有脱产，需要每天做工来维持生活。他白天到意大利广场附近的一家云母石加工厂做工，每天工作9小时，上午、下午各四个半小时。在工厂里，工人们整整齐齐地坐在一排排长凳上，机械地做着重复的动作。工头领来一筐筐的云母片，一一分给每个工人。工人们利用机器在云母片上钻孔，钻好孔的云母片自动掉到下方的口袋里。然后，工人们再把它们穿成串。中午休息时间很短，陈乔年他们只能就近找一家小饭馆随便吃点。他们的午饭通常就是一块面包、几块干炸鱼，偶尔再喝上一点当地廉价的葡萄酒。有一次，陈乔年在做工时手指不小心被轧伤了，流了很多血。

《少年》杂志的编印主要靠自己。白天，陈延年和赵世炎等人集中精力刻写钢板。晚上，在外做工的陈乔年、王若飞、萧三等人回到旅馆，简单地吃点晚饭后，就开始帮着油印，大家经常要工作到深夜才能完成。第二天又得早早地起床，简单地煮点面条，加上鸡蛋、酱油等做早餐。因为每天都十分忙碌，大家根本没有时间也没有心思出去游玩。

当时，郑超麟住在距离巴黎三个半小时火车路程的蒙达尼，每次去巴黎，必去陈延年兄弟俩的住处探望。他总是看见陈延年在埋头刻写蜡纸；而陈乔年则大多不在家，出去做工了。

在郑超麟看来，陈乔年和陈延年长得不太像兄弟俩。陈乔年身体强壮，皮肤很白，两颊同苹果一般红。他的哥哥陈延年则与他相反，不很健康，肚皮比常人大，两条腿又比常人细，皮肤黑而粗，浓眉毛。陈延年斜眼，近视，有时你以为他在看你，其实他看的是你旁边的人。

这两兄弟，除了相貌外，性格也很不一样。陈延年平常爱说话，爱讲故事。关于辛亥革命前后的故事，以及他自己家庭的故事，他总是讲得绘声绘色。几个人一起聚会时，总能听到他低沉的声音。而陈乔年似乎有点腼腆，一声不响的，开会时不说话，多人闲谈时也不说话。后来通过不断练习，渐渐克服腼腆，能在会场中演说了，虽然还赶不上他的哥哥，但也说得相当好。

那时，陈延年、陈乔年唯一相同的地方就是，这两兄弟都吃得坏，穿得差，而且绝口不谈女人。

尽管条件艰苦，设备简陋，但是《少年》月刊不仅按时出版，而且内容丰富，极具战斗性和理论性。赵世炎、周恩来经常为刊物写稿。陈延年先后发表了一大批反对无政府主义、国家主义的文章，同形形色色的反马克思主义的思潮，特别是无政府主义展开论战。

在写给无政府主义者的公开信中，陈延年明确指出：过去自己"对于无政府主义之信仰"是"建在浮沙之上"的，"做革命事业"，在乎"力求理解社会生活的实际关系"，"马克思很有先见之明，一生精力，全用在这个研究上"。

刊物还发表了有关共产国际的文件和国际工人运动、青年运动的消息，是当时宣传马克思主义的一份重要出版物，在旅欧勤工俭学生和华工中产生了巨大影响，被誉为"巴黎的《新青年》杂志"。

把一切交给党

第一次世界大战之后,法国的社会秩序很乱,在思想上存在着很多问题。一些青年人认识到马克思主义不仅理论很好,而且目的性也很强,是政治行动的指南,是一种积极的理论。在这种思潮的推动下,1920年12月,法国共产党成立。

法国共产党在法国是公开的,他们经常组织工人和市民在巴黎举行游行示威。旅欧中国少年共产党的一些进步分子也经常去参加他们领导的游行示威运动和会议,并且邀请法国党团的领导人给旅欧中国少年共产党做报告。

那时,萧三的法文较好,能够直接用法语交流,因此他便担任了旅欧中国少年共产党与法国共产党的联络工作。有事要找法国共产党中央或团中央的时候,都是由萧三去。

萧三第一次去法共殖民地部,对方看到萧三是黄皮肤、黑头发,就问他:"你是安南(越南古称)人吧?"

萧三不高兴地回答:"我是中国人!"

回来后,萧三提到这件事,大家都哈哈大笑。

陈乔年开玩笑说:"我们以后就喊你'安南人'好了!"

在法国共产党成立过程中,越南的阮爱国(即后来的越南国家主席胡志明）发挥了积极的作用。他的法语很好，不仅能说，还可以笔译。同时他又懂中文，虽然不大会用中文交流，但是中国字写得很好，还会说一些广东式普通话。

在法国共产党组织的一次游行示威中，赵世炎等人碰到了胡志明，看他长得有点像广东人，便主动同他打招呼。因为胡说的是广东式普通话，大家不太好懂，于是便邀请胡到他们的住处去用笔交谈。

胡志明少年时期就希望能够到西方国家去考察学习，寻求救国救民的革命真理。1919年巴黎和会召开，他以"阮爱国"的名字，代表在法国的越南爱国者，向各国代表团递交了一份备忘录，提出各民族权利的八项要求，并将这八项要求印制成传单，广泛散发。从此，阮爱国的名字在越南就变成了一面爱国的旗帜。后来，他改名"胡志明"，领导了越南的反帝反殖民地斗争。越南民主共和国成立后，他当选为越南民主共和国主席、总理，后又出任越南劳动党中央委员会主席。

有一回，胡志明应约来到旅欧中国少年共产党的驻地戈德弗鲁瓦街17号的小旅馆，同中国同志见面。因为语言不通，双方就用笔墨来交谈。

赵世炎问他："你是法共党员吗？外国人是否可以加入法共？"

胡志明回答："我是法共党员。外国人可以参加法共的组织活动。"

1922 年 8 月，在胡志明的介绍下，王若飞、赵世炎、陈延年、陈乔年和萧三等人加入了法国共产党。不久，中共中央派廖焕星携信赴法，正式承认加入法共的中国同志为中国共产党党员。

周恩来原来在德国柏林留学，被推选为旅欧中国少年共产党宣传部部长后，经常往来于柏林和巴黎两地。住在小旅馆的陈延年、陈乔年和赵世炎、周恩来等人共用一个煤油炉做饭，他们平时吃的大多是白水煮土豆，偶尔能够吃上一点咸鱼就面包或者火腿香肠，就算是很大地改善了生活。

有一回，赵世炎买了大面包、方糖和酱带回旅社，这是他们为数不多改善伙食的机会。

聂荣臻和邓小平当时也经常来这里。聂荣臻回忆说：“唯一的一间住房不到 10 平方米。这里既是他（周恩来）的住所，也是我们办刊物和进行党团活动的中心。人多了，实在装不下，就只好到附近的一家咖啡馆活动。每当我到恩来那里，总见他不是在找人谈话，就是在伏案奋笔疾书。吃饭常常是几片面包、一碟蔬菜。有时连蔬菜也没有，只有面包就着开水吃。”

陈乔年那时白天要在工厂里干 9 个小时的活，回家后还要帮助油印刊物，一直工作到深夜一两点钟才睡觉。兄弟俩挤在一张小床上，虽然拥挤，但是比住在工厂里还是要好许多。

虽然做工的时间很长，但是勤工俭学的中国学生打的都是杂工，拿的工资只有法国工人的 1/3 至 1/2，也就是每天 10 至

15法郎。他们的工作不是固定的,哪里最艰苦,就去哪里干活,做的都是最危险也是最重的活儿,连续八九个小时都无法休息。

有一天傍晚,陈乔年下班回来,他接过哥哥的印刷推子就开始帮助油印刊物。正好郑超麟也来到这里,郑开玩笑说:"乔年的身体真好,忙了一天还不歇一歇。"

陈乔年笑着回答:"不累。白天是为别人干活,这会儿是给自己干活呢!"

弟弟帮着印刊物,陈延年自己就坐在一旁挑选云母片。这

是他从附近工厂接来的一份零活,可以不用去工厂上班,还能挣到一些额外的收入。

邓小平生前经常谈起自己赴法国勤工俭学的经历,谈起周恩来、陈毅、聂荣臻等人和在新中国成立之前就已英勇牺牲的烈士赵世炎、陈延年、陈乔年等人。他对自己的子女说,他们那个时候生活很艰苦,只能吃面包,煮点面条。但他们那时的人不搞终身制,没有地位的观念。譬如说在法国,赵世炎比周恩来地位高,周恩来比陈延年地位高,但是回到国内后,陈延年的职位最高。大家都不在乎地位,没有那些观念,就是干革命。他说,这就是早期共产党员的特点,"在那个时候能够加入共产党就不容易。在那个时代,加入共产党是多大的事呀!真正叫作把一切交给党了,什么东西都交了!"

莫斯科东方大学

1922年5月,中国社会主义青年团(1925年1月改名为中国共产主义青年团,简称"共青团")在广州召开成立大会。10月,旅欧中国少年共产党召开会议,通过投票,决定加入中国社会主义青年团并改选执行委员会。陈延年和赵世炎、王若飞、周恩来等人当选为执行委员。

陈延年之所以能够当选,一方面是因为他的思想转变,扩大了留学生中马克思主义者的阵营,对于当时法国马克思主义战胜无政府主义起到了重要作用;另一方面是因为他朴实能干,特别是在《少年》杂志上发表了一些产生重大影响的文章,对瓦解无政府主义团体发挥了很大的作用。在这次会议上,他被增补为执行委员,接替周恩来担任宣传部部长。

这时,旅欧少共也接到了陈独秀希望其归属于中国社会主义青年团的信函。大家表示,拥护陈独秀的指示。

在接到旅欧少共愿意归属的回复后,正在莫斯科出席共产国际第四次代表大会的陈独秀立即和有关方面商量,考虑到留法学生的实际困难,决定抽调旅欧部分同志到莫斯科东方劳动者共产主义大学学习。这所大学是社会主义苏联所建立的,条件毕竟比在法、德等欧洲资本主义国家要好得多。而苏联和德国有外交关系,在欧洲留学的中国同志,可经德国入境苏联。

陈独秀的这一提议,一方面固然是为旅欧少共党员的出路着想;另一方面,他也不可能不想到自己的两个儿子。他在国内就从新闻上得知,赴法勤工俭学生的处境很艰难,基本上依靠做工挣钱维持生活,自己的两个孩子也是如此。因此,他的这一提议,无疑也包含着对两个孩子的关爱。

1923年初,收到陈独秀的亲笔信后,赵世炎和周恩来、陈延年等人商量,一面酝酿赴苏留学者名单,一面决定根据陈独秀的意见,举行旅欧少共第二次代表大会,研究改变名称等事宜。

2月份,旅欧少共确定了赵世炎、陈延年、陈乔年等15名愿意去苏学习的人员名单。不久,旅欧少共举行第二次代表大会,赵世炎、周恩来、陈延年、陈乔年等代表出席。大会同意更改旅欧中国少年共产党名称为"旅欧中国共产主义青年团",改选了支部的领导成员。因为赵世炎和陈延年等人将到莫斯科去,大会改选周恩来等5人为执行委员,由周恩来任支部书记。

在这次大会上,周恩来代表柏林地方会书记廖焕星,向大会汇报柏林地方事务时指出:"张申府(化名R)在柏林地方会屡次声明退出少共。我自己亦曾向中央报告过,他持不同态度,因此无法为仍为团员的张申府做代表。"

张申府是最早加入中共的党员之一。在北京时,他曾是李大钊的得力助手。他要求退出旅欧少共,起因是同组织委员张伯简的矛盾，张申府曾建议组织执行委员会开除张伯简的党籍，但是组织没有采纳他的意见。

周恩来发言后，陈延年表示赞同："张申府既然自己声明退出旅欧少共，而且他还有胁迫旅欧少共中央的话语，留在党内已不合适。"他提议，要谴责张申府在地方会上声明退出旅欧少共。

但是，赵世炎不同意开除张申府。他说，旅欧少共执行委员会和他本人一直都没有接到柏林地方会书记报告张申府退出旅欧少共的消息。他反而经常听到张申府出席各种会议、发言的情况。而且，直到这次大会，周恩来才首次说出张申府原本就是中国共产党党员。因此，作为一个共青团组织，是否有权开除张申府，这还需要向国内的中共中央请示。

周恩来、陈延年同意了赵世炎的意见。然而，仍旧有人对执行委员会处理张申府的方式表示不满，要求批评赵世炎、周恩来、陈延年等人，对其予以警告。赵世炎表态同意成立警告案。

在中共旅莫支部的帮助下，陈延年、陈乔年等15名赴俄留学的同志很快办好了护照，并被安排到莫斯科东方大学学习。3月18日，他们在周恩来等人的伴送下，从巴黎出发，途经柏林，前往苏联。在柏林，他们逗留了十几天，一面等待领取赴苏护照，一面参观当地的名胜古迹。随后，与周恩来依依惜别，登上了前往莫斯科的列车。

4月中旬，一行12人（报名时是15人，实际成行的是12

人）抵达红都莫斯科，进入莫斯科东方大学学习，住在普希金广场特维尔斯卡雅街 53 号东方大学宿舍。

莫斯科东方大学全称是"莫斯科东方劳动者共产主义大学"。这所大学是在列宁的指导下，于 1921 年 4 月创立的，名誉校长是斯大林。这是共产国际和俄共（布）为苏联东部地区训练民族干部和为东方各国培养红色干部而设立的政治大学，目的在于培养职业革命家。

开办之初，学校设有党的工作和政治教育、工人运动、经济、行政、法律等系，学制最初为 7 个月，后改为 3 年，开设唯物史观、经济学、俄国共产党历史、国际职工运动史、自然科学、俄语等课程。学生的参考书目有《共产党宣言》《青年团的任务》《共产主义 ABC》《政治经济学》等。

这所大学的学生多数是农民和工人。教师都是苏联人，授课主要采用俄语，有时也用法语。教学的方式分为讲授、自学、辩论和总结四个环节。学校注重培养学生独立思考、自学的能力和表达、演讲、辩论的能力。

1924 年时，莫斯科东方大学有来自 73 个国家和民族的 1015 名学生。

人称"小列宁"

到达莫斯科后,陈延年、陈乔年目睹了列宁领导下的世界第一个社会主义国家正在发生的日新月异的变化。他们对一切都充满了好奇和新鲜感,对所开设的课程也产生了浓厚的兴趣。尽管他俩对俄语还一窍不通,在学习和生活上存在很大的困难,但是他们丝毫不惧困难,抓住一切时机和场合刻苦学习,不懂的地方便向俄语较好的同学请教;还经常跟其他同学对笔记,相互交流学习心得,讨论问题。

陈延年平时虽然沉默寡言,但是在讨论和研究理论问题时,他总是有自己独立的见解和思想,每次都踊跃发言,积极阐明自己的观点。他常常为了理清一个重要的理论问题而同其他的同学争得面红耳赤,与平时判若两人。

当时,同学王若飞和陈延年交流较多,往来密切,就问他:"你为什么如此认真?"

陈延年回答:"列宁同志在争论原则问题时如同猛狮。我们也要学习列宁,在原则问题上寸步不让。"

因为陈延年平时喜欢穿列宁式灰色的棉服,头戴列宁帽,脚穿高筒黑皮鞋,模仿列宁的形象打扮,辩论时又像列宁一样坚持原则，于是，同学们便都戏称他为"小列宁"。

莫斯科的生活条件还是相当艰苦的。虽然同学们享受的是当时苏联人民所能给予的最好的待遇——与战时共产主义红军战士同等的待遇，但是，这种最好的待遇也就是每天供应一块黑面包和几颗土豆。黑面包的分量大概只有1/4磅（约合2两），有时还会在里面吃出干草、绳子和木屑。午饭是一碗清汤，里面只有几片胡萝卜和土豆。这点清汤根本解不了饿，因此很多人干脆都不去吃午饭。有同学甚至提议大家看书要趴着看，这样子可以节省消耗。在衣着方面，苏联政府为他们每个人提供了一套制服、一件红军制式的粗糙大衣和一双有筒皮鞋。在住宿方面，40多位中国留学生挤住在一大一小两间平房。冬天因为寒冷，大家便挤在一起相互取暖。不过，沐浴和理发都是免费的，学员们的住宿、伙食、服装等也都是免费的。学校每月还发给每个人一点儿零用钱。

平时，中国留学生们要轮流到厨房值日，负责当天的早、中、晚三餐。值日这一天，他们天还没亮就要到厨房里去劈柴、洗菜、准备餐具。吃过早饭，清洗好餐具炊具，又要接着准备午餐。午饭后，稍事休息，就要开始做晚餐。每天经常都要忙碌到夜里11点，才能回宿舍睡觉。

对这样的生活条件，陈延年和陈乔年已经觉得十分满意。遥想他俩当年在上海，冬天没有棉衣穿，也没有钱买袜子，饿了吃块大饼，渴了喝点自来水。他们早已过惯了艰苦的生活。

在莫斯科，只要天气稍微暖和，陈延年都不穿袜子，他把自己省下来的袜子都送给了弟弟穿。

有一次，同学们看到陈延年正在看列宁著作，赤着双脚，便问他："你为什么不穿袜子？学校不是给每个人都发了吗？"

陈延年淡淡一笑，回答说："习惯了。"

1923年4月28日，中共旅莫支部举行大会，欢迎陈延年、陈乔年、赵世炎等人。罗亦农主持会议，并向大家介绍新来的党员同志。他说："新从法国来俄的同志中，除赵世炎同志是老党员外，王若飞、陈延年、陈乔年是法共党员，按照章程，凡属第三国际支部的，均可为正式党员。"也就是说，再次确认了陈延年、陈乔年等人的党员身份，他们的入党时间都从1922年9月算起。

就这样，原先为法共党员的陈延年、陈乔年等人到了莫斯科东方大学以后，根据共产国际的规则，正式编入了中共旅莫支部。在这次支部委员会上，赵世炎被推选为支部委员，陈延年任支部干事。

大家在会上批评了陈延年，因为他在旅欧中国社会主义青年团支部大会上带头提出开除张申府。当时，陈延年刚从无政府主义思想转变过来，因此强烈反对张申府干涉青年团的事务。到莫斯科后，旅莫支部做出决议，明确指出开除张申府的团籍是错误的。陈延年在会上做了诚恳的自我检讨。此前他确实不了解党与团的关系，因此在处理这个问题时过于偏激。

听了陈延年由衷的检讨,同志们都称赞他是善于批评与自我批评的好榜样。

5月,旅莫支部对党员同志的已有学习程度进行了一次书面调查。陈乔年谦虚地如实报告道:

A. 社会科学程度　　我的社会科学程度很低,尤其是对于经济学更没有根底。现在,我将看过的中法文的书报大概分列如下:

杂志　中文的:新青年、青年周刊、先驱、向导……

法文的:共产党周刊、人道日报(法国共产党机关报)、国际通信、国际共产党杂志(小部分)、光明半月刊……

书籍　中文的:新青年社丛书及人民出版社丛书多半看过

法文的:共产党宣言、列宁的无产阶级革命(一部分)、共产主义入门、季罗维埃夫的列宁传

上列各种书籍多半完全看过,内中只有几种尚未看完。至于杂志,虽没有篇篇文章都看过,不过大部分时时继续往下看。除此而外,关于无政府主义书报也看过几种。就以上的报告,程度之高下可想而知。总之,没有统系(即系统)的研究。程度既然这样幼

稚，所以没有什么可以详细报告的。

　　B. 外国语程度　　我只能懂法文，而且也不大高明。我学法文虽久，但在学校里时候极少，多半自己用功，缺乏人指导，好几年的功夫才能看书报，还是不纯熟，有的地方不能真正的懂得。没有翻译过书报，普通信札尚免强（同"勉强"）可写。

陈乔年
11/5/1923

在平时，陈延年热情帮助别人，同时也能严格要求自己。发现同学当中有一点好的表现，他就当众表扬；有犯了错误或有不正当的言行，则当面予以批评。每当有新的同志到莫斯科东方大学来学习，陈延年总是热情接待，嘘寒问暖，帮助他们解决生活困难。因为他待人诚恳，所以深得人心。

对于党组织交代的每一项工作，陈延年都认真细致地完成。他还善于同大家打成一片，深入各个小组，了解每个人的学习情况和要求，并随时反映给支委研究解决。一旦发现有新出现的积极分子，就及时做好培养工作。时间不长，他就和赵世炎发展了不少党员。

中共旅莫支部高度重视党团员的训练和学习，要求大家树立革命的人生观、坚强的纪律性和集体化观念，坚决反对个人主义、自由主义。在规定的课程之外，支部又专门制订了详细

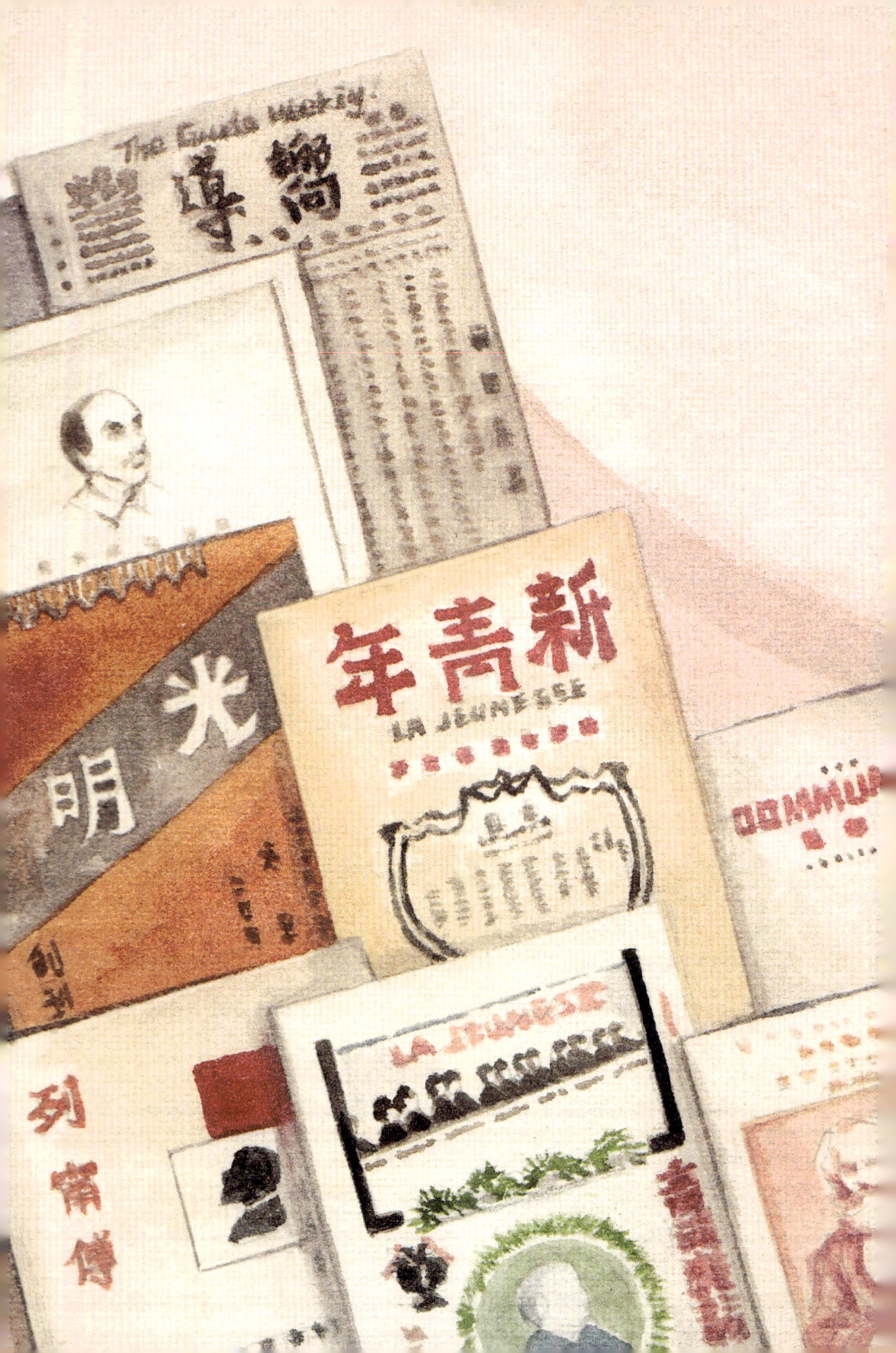
嚮導
新青年
LA JEUNESSE
光明

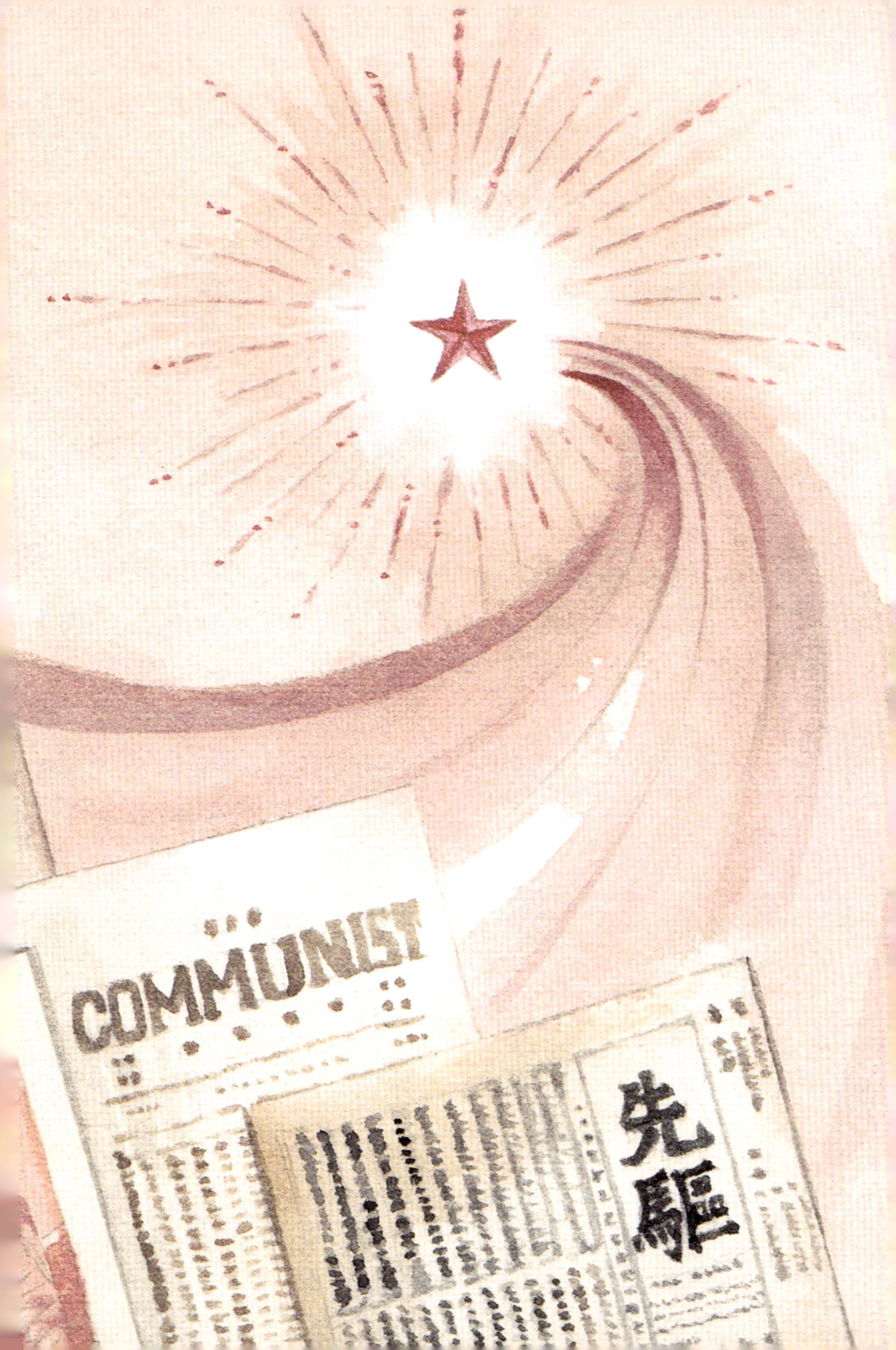
COMMUNIST
先驅

而具体的训练计划,对大家都提出了严格的要求。学员们需要参加小组学习,研究问题,交流心得,开展批评与自我批评。陈延年和陈乔年在这里得到的系统的、有组织的训练,使得他们为共产主义奋斗的信念更加坚定了。

当时,根据中国革命形势发展的需要,中共旅莫支部决定选派一部分学生到苏联的军事院校进行短期的军事政治训练,培养军事指挥人才。同志们纷纷报名,都渴望能够去学习军事。陈延年和陈乔年当然也很想去。但是,没有得到组织的许可,他俩都服从安排,留在了莫斯科东方大学。

在学校里,他们还经常与日本、朝鲜、越南等国的同学联络,交流经验,促进各国革命力量的联合。

翻译《国际歌》

萧三，字子暲，是湖南湘乡人。他是著名的诗人和翻译家，1920年到法国勤工俭学。在法国时，当他第一次听到欧仁·鲍狄埃作词、皮埃尔·狄盖特作曲的《国际歌》时，就为这首全世界无产阶级的革命战歌所深深地打动，萌发了要将其翻译成中文的愿望。

1923年，萧三到达莫斯科。

这一年暑假，陈延年、陈乔年和同学们一起来到莫斯科郊外的一个苏维埃农场参加社会实践。每天，大家都勤勤恳恳地劳动，一起挖地、挑土、除草……

这时的陈乔年已是21岁的小伙子，年轻力壮，风华正茂。他性情温和，皮肤白皙，被同学们公认为莫斯科东方大学中国学生里的"第一美男子"。特别是他的脸颊像苹果一样红，非常好看，因此，同学们平时都不叫他的俄文名字"克拉辛（Красин）"，而称呼他"雅普洛果"，这个词在俄语中就是"苹果"的意思。

萧三知道陈乔年的法文好，便约陈乔年在工作之余，一起把《国际歌》从法文翻译成中文。陈乔年欣然应允。于是，两个人找来了法文版的《国际歌》,每译一句歌词,就配上一句曲谱,最终完成了三段正歌与副歌的完整译词。而后,他们再对照俄文版的翻译歌词,纠正其中不恰当的地方。

  这些中文歌词被翻译出来后,先是提供给莫斯科东方大学的中国同志们练习传唱。很快,大家便都学会了。从此,莫斯科东方大学的校园里经常回荡着中国同志吟唱的这首鼓舞人心的雄壮战歌:

<blockquote>
起来,饥寒交迫的奴隶,
起来,全世界的罪人!
满腔的热血已经沸腾,
做一次最后的斗争!
粉碎那旧世界的锁链,
奴隶们起来,起来!
莫要说我们一钱不值,
我们是新社会的主人!

从来就没有什么救世主,
不是神仙皇帝,
更不是那些英雄豪杰,
全靠自己救自己!
要夺取平等、自由、幸福,
</blockquote>

要消灭剥削、压迫！
快把那炉火烧得通红，
你要打铁就得趁热！

我们是世界的创造者，
劳动的工农群众！
一切是生产者所有，
哪能容得寄生虫！
我们的血汗不知流了多少，
和那些强盗们斗争！
一旦把他消灭干净，
鲜红的太阳照遍全球！
——
这是最后的斗争，
团结起来到明天，
因特那雄那尔（International）一定要实现！
这是最后的斗争，
团结起来到明天，
因特那雄那尔一定要实现！

  在萧三和陈乔年翻译《国际歌》前后，1923年，在广州，瞿秋白坐在风琴前，对着俄文版的《国际歌》歌词和曲谱，一边弹唱，一边斟酌修改中文翻译歌词，直至自己满意为止。6月15日，《新青年》杂志刊载了这首歌的歌词配曲谱。

其实，早在他们之前，李大钊在北京就已经参照俄文版翻译了《国际歌》歌词。但是，由于条件所限，这个译本当时没有公开发表。因此可以说，李大钊、瞿秋白、萧三和陈乔年是第一批将《国际歌》翻译成中文的译者。

后来，从苏联回国后的萧三看到了瞿秋白的译词。他说："他（瞿秋白）完全是根据俄译再译为汉文的，我们则主要是根据歌词的原文法文并参考俄译再译为汉文的。"

当年，莫斯科东方大学的学生们就是唱着萧三、陈乔年翻译的《国际歌》奔赴全国各地的。这首歌也跟随着他们流传到了国内，在新民主主义革命时期，极大地鼓舞了广大革命者的斗志。

1924年1月，中国国民党在广州举行第一次全国代表大会，标志着国共第一次合作正式形成。中国共产党党员、社会主义青年团团员可以以个人身份加入国民党。共产党与国民党实现了党内合作。

国共合作后，中国革命形势发展迅猛，大批共产党人参加了国民党的工作，共产党的组织和训练工作受到削弱，党的刊物也不能按期出版，共产党自身的建设面临领导力量不足的问题，因此迫切需要从莫斯科东方大学等处派遣一批留学生提前回国，来参与党的组织领导工作。为此，陈独秀和中共中央决定，安排留学同志分批回国参加工作。

根据中共旅莫支部的安排，第一批回国工作的同志中就有陈延年。

陈乔年也渴望能够同哥哥他们一道回国，早日投入国内火热的革命运动。但是，组织上没有这样安排，他认为自己不能跟组织提这样的要求，就安下心来，继续留在莫斯科东方大学学习。

1924年过完暑假，陈延年就要离开莫斯科东方大学，启程回国了。回国后，他很牵挂自己的弟弟。陈乔年从幼年起就一直和自己生活在一起，学习在一起。两个人既是同胞兄弟，又是同学，还是革命同志，一路上患难与共，相依为命。而此时，因为革命的需要，两个人就要分开了！身为大哥，陈延年的心里有着太多的不舍。想当年，离开安庆老家北上北京的时候，母亲和祖母曾一再叮嘱陈延年，一定要照顾好弟弟，兄弟俩什么时候都不要分开。然而，如今，这一对相依为命的兄弟终于要分离了。陈延年当然希望弟弟能够和自己一道回去，但是，人在组织就要听从组织安排，在纪律和组织面前，他们只有服从。

7月下旬，陈延年启程回国。兄弟俩把别离的忧伤深深地埋在心底。陈延年把一些书籍和自己的生活用品留给了弟弟，一再叮嘱他要照顾好身体。看到已经长大成人的弟弟性格开朗乐观，与其他同志相处得很好，陈延年的心也放下了。

在莫斯科这一别之后，兄弟俩从此天各一方。除了偶尔开会能够碰面以外，两个人身处一南一北，遥遥相望，但是他们始终没有中断过书信往来。他们的心永远贴在一起，他们都在为革命事业而奔波忙碌，无暇顾及儿女情长。

陈延年和一起回国的同志们从莫斯科乘坐火车，沿着西伯利亚铁路一路向东，到达赤塔，再由赤塔换车前往海参崴。路上花费了20天左右。

一行人到达海参崴后，一时没有船去上海，他们又不愿意多花旅费，冒着风险越境回国。于是，只好住在海参崴的海员俱乐部，耐心地等待到上海去的船只。当时，苏联和英国尚未建立外交关系，因此往返于海参崴与上海之间的英国轮船无法正常开行，而由苏联开往上海去的轮船就更少了。

苦苦等待、渴盼回国，那种急切的心情大家都是一样的。但是，左等右等，都等不来去上海的船只。因此，大家心情都很焦躁。

等到了9月上旬，才有一条英国的船只由海参崴开往上海。但是，那条船却因为太小，容纳不下陈延年一行15人。于是，大家只能分成两批，陈延年让部分同志先走，自己一直等到了9月下旬，才坐上了苏联的船去上海。

这一趟从莫斯科回国的旅程，花了两个月的时间。这是大大出乎大家意料的。

第四章
投身革命　功绩卓著

　　祖国，我们回来了！
　　陈延年、陈乔年回到了祖国母亲的怀抱。他们怀着极大的喜悦和激情，投入到火热的革命斗争中去。兄弟俩一个在南方，一个在北方，夜以继日，奔波忙碌，成了为党的工作开疆辟土的战士。为了中华民族解放事业，他们立志奉献自己的一切乃至生命。
　　他们说，为了革命，理应如此。

"开疆辟土的拖拉机"

祖国，我们回来了！

自从1919年离开上海前往法国，屈指数来，陈延年已有五年没有回国了。而今回到祖国母亲的怀抱，他内心的喜悦之情难以言表。同时，在这种兴奋与喜悦之中，还带有即将投入到火热的革命斗争中去的激动和激情。

到达上海后，大家相继住进了民国路泰安栈旅店。

把大家安顿好以后，陈延年和赵世炎去找中共中央接头。大家来到中共中央机关向陈独秀等人汇报工作。五年多未曾见面，但是陈独秀和陈延年父子之间，并没有表现出格外的亲切或激动。两人现在已是革命的同志。

这时的陈延年、陈乔年对于父亲的看法与原来已经有了根本的转变。以前，他们从心底里有些看不起父亲，认为他去北大当教授，当文科学长，是去做"新官僚"；他对待母亲及家庭的态度和做法完全是自私的、利己的，丝毫不考虑家人的感受。而现在，父亲在他们的心中已是一个职业革命者，是一个和自己有着同样信仰的人，可谓志同道合。

而在陈独秀眼里，他看到的是自己的大儿子长高、长结实

第四章 投身革命 功绩卓著

了,浓眉、粗脸、阔口都像自己,两眼炯炯有神,身穿黑色粗绒布苏联工人式服装,头戴列宁式便帽,足蹬有筒黑皮鞋,步态沉着,而且思想越来越成熟,人也颇为稳重,一言一行都显得沉稳踏实。陈独秀心里暗自欢喜,看来,当年自己鼓励俩儿子"自创前途"的决定无疑是做对了!岁月如梭,白驹过隙,在那些父亲不知道的日子里,在那些父亲未曾涉足的地方,孩子们自己悄悄地长大了,找到了正确的人生道路。

现在,陈独秀考虑的是,要安排儿子到实际的革命斗争中去经受风雨考验、淬炼成钢!

根据中央的安排，陈延年被任命为中国社会主义青年团中央驻粤特派员，前往广州，帮助加强那里的团的工作。当时，共产党员以个人身份加入国民党以后，孙中山所领导的国民革命军所在地广州已经变成了中国革命的中心。工农运动和共产党组织的宣传工作，正热火朝天地展开，需要大量的领导干部。

赵世炎则被派往北方，因为他对那里的情况熟悉。他先后担任中共北京地方执委会委员长、中共北方区执委会宣传部部长兼职工运动委员会主任，成为李大钊的得力助手。

接受任务后，陈延年立即马不停蹄地赶到广州。

而此时，周恩来已在广州。他7月下旬离开法国回国，到达广州后，周恩来被任命为中共广东区委委员长兼区委宣传部部长。见到了熟悉的老同学，陈延年十分开心。他和周恩来重新组成了搭档，一起住在东山恤孤院路的一幢小洋房楼上。

不久，陈延年又兼任中共广东区委秘书、组织部部长。

当时，广东中国社会主义青年团的领导人同时也是中共广东区委的负责人。由于党团工作界限不清，团委负责人多数兼做党的工作，无暇过问青年团的事务，因此团区委的活动几乎陷入停顿状态。陈延年很快便看出了其中的弊端。1924年10月，他根据团中央特别训令，一面物色干部，一面筹集经费，为改组团区委、恢复广东团组织的活动不知疲倦地积极奔走。

10月25日，他主持召开了团广东区委第26次常委会，讨论落实团中央的指示要求。

11月5日,他召开团粤区代表大会,改组团区委。在这次大会上,陈延年提出,团的干部无论在数量上还是质量上,都满足不了革命形势发展的需要,团区委的负责人忙于党的重要工作,团的活动无形中陷于停顿,因此一定要进行改组。

会议决定,撤销团广州地委,广州市的团的工作由团广东区委监管,选举出刘尔崧、周文雍等7名执行委员和5名候补执行委员来管理繁重的区委工作,并对执行委员和候补执行委员进行了具体的分工。

团区委改组后,立即着手健全组织工作,规定区委必须按期召开会议,彼此沟通情况,研究问题,开展批评与自我批评;同时,将已经超龄的或已不再从事青年团工作的同志积极吸收入党,解决了党团分家的问题。另一方面,团区委又积极抓好发展新团员的工作。在一个半月的时间里,就发展了新团员29名。

陈延年要求大家细致深入地开展工作。他自己也经常到各基层支部了解情况,帮助解决实际问题。

1925年2月,周恩来以黄埔军校政治部主任的身份,随军参加国民革命军的东征行动。中央决定,中共广东区委书记职务由陈延年接任。周恩来只兼任中共广东区委军委书记。

因为中共尚处于幼年时期,广东区委领导下的党员和干部人数不多,质量不高,党的组织架构也不健全,这种情况无疑无法适应革命形势发展的需要。要如何抓好党的组织建设呢?作为区委书记的陈延年,陷入了深深的思索之中。

要想打开党在广东的工作局面，必须首先将广东区委建设好，将区委领导机构健全起来。在陈延年的建议下，区委由万福路一间狭窄的房子搬到了文明路 75–79 号（1926 年扩大为 75–81 号）的一座四开间相连、高三层的骑楼建筑二、三层楼。为加强集体领导，成立了由陈延年、周恩来、张太雷等人组成的区委主席团，后又改为由 15 人组成的委员会。区委每周开会两次，一切工作由委员会负责管理。

随后，陈延年对区委机关也进行了健全和充实。设立了区委秘书处、组织部、宣传部，负责区委的日常工作；设立了工人部（工委）、农民部（农委）、妇女部（妇委）、青年部（青委）、军事部（军委）、学生运动委员会等机构，以分别领导广东地区的工人运动、农民运动、妇女运动、青年运动及武装斗争等。其中军委和农委的设立比中共中央的军委和农委的设立还要早，堪称是中共组织建设史上的一大创举。

更有一大创举是，建立了党内监督机构，实行党内监督。陈延年敏锐地认识到，随着党员数量的不断增加，党内难免会有一些投机分子或蜕变分子，因此，就必须建立专门的纪律监察机构。1925 年，广东区委的组织架构中第一次出现了"监察委员会"这一纪律监察机构。就这样，经过陈延年的努力，区委的工作机构臻于成熟。

在用人方面，陈延年强调更多地提拔使用广东本地的干部，因为他们对本地的情况更为熟悉，又懂地方语言，更容易和群众打成一片。

加强了区委机关建设后,陈延年又下大力发展党员,扩大在广东的各级党组织。从1924年11月起,相继成立了中共顺德县支部、花县支部、清远支部、增城新塘支部、佛山支部、南海支部等。1925年3月,当国民革命军第一次东征进入潮汕以后,陈延年决定立即在潮汕建立党团组织。3月中下旬,组建了中共汕头特别支部,同时成立了共青团汕头特别支部。与此同时,陈延年还派人奔赴琼崖、北江、西江地区,分别组建党的各级组织。他特别强调要在实际斗争中考验、考察和吸纳新党员,区委和各级组织都注重从工人、农民、知识分子中吸收先进分子加入党组织。

到1926年底,广东全境都建起了党的组织。

陈延年又派出同志赴香港、广西、福建南部、云南等地开展革命运动,发展党员,建立党组织,使得党员和党组织在南方迅速形成了一片星火燎原之势。

在陈延年领导下,经过广东区委的不懈努力,在不到两年的时间内,广东地区的党员就从原先的几百人增加到了1926年9月的5000多人,1927年春更是发展到了近万人。党的各级组织遍布广东、广西、闽南等各地,广东区委成为当时全国辖区最大、党员数量最多、组织架构最健全的地方党组织之一。陈延年因此也被大家称为广东党组织的"开疆辟土的拖拉机"。

"我们有我们的时代"

在实践斗争中,陈延年逐步认识到,党的建设不仅要抓组织建设,还要抓思想建设,思想建党才是党建的坚实基础。他根据形势发展需要,建立每周党课制度,同时定期举办学习报告会。他自己亲自带头,定期给党员同志做报告。

1925年8月,国民党右派暗杀了左派领袖廖仲恺,党内有些同志产生了恐惧心理。陈延年及时给大家做报告,在提到共产党员应不应该怕死时,他严肃地回答:"一个共产党员的牺牲,胜于千万张传单。如果怕死,就不要做共产党!"他的报告很好地澄清了同志们的思想认识,也极大地激励了大家。

报刊是开展宣传工作最有力的阵地。1926年2月,陈延年、张太雷创办了广东区委机关刊物《人民周刊》,打造了一个宣传教育阵地。周刊由张太雷主编,陈延年负责审定稿件。陈延年还以"陈东""林木"等笔名,为刊物撰写社论和文章,引起很大反响。这份刊物发行超过了2万份,在宣传马列主义、领导革命运动、武装党员思想等方面发挥了重要作用。

1926年9月,为了推进党员的教育与训练,陈延年又领导创办了供党内同志阅读的内部刊物《我们的生活》。陈延年亲

自执笔,撰写了振奋人心的发刊词《告同志》:

> 我们早就要印行这个小册子,为何要印行这个小册子呢?
>
> 我们的党不是从天上掉下来的,也不是从地中生长出来的,更不是从海外飞来的:而是从长期不断的革命斗争中,从困苦艰难的革命斗争中生长出来的,强大起来的。广东党部过去虽然做了不少的革命斗争,多少也得了一点艰苦的经验,然而现在我们还是非常之幼稚。客观事实的表现,革命潮流的高涨,往往超过我们党的主观力量。这并不是因为我们同志不努力,而是因为我们缺乏切实的教育与更好的训练。为推进党的教育与训练,所以我们要印行这个小册子。
>
> 我们的党现在广东领导一百万以上有组织的工农群众,为求工农群众生活之改良及民族解放运动之巩固与发展,与帝国主义及其走狗反革命派奋斗。我们已经不是开始工作,而是继续奋斗。要有更大的力量与更正确的策略,我们才能继续奋斗。我们不但要更加聪明,不但要更加积极工作;我们更要在党的正确的政策下面,很坚固的团结起来。我们要做到:党的政策就是同志们从斗争中得来的实际经验之总和,

每个同志的行动就是党的政策之实际的运用，自动的积极的自己批评自己的错误，使党不断的进步。为此，我们也非印行这个小册子不可。

奋斗便是我们的生活。

同志们奋斗！

一九二六年九月二十八日

1927年2月，广东区委学生运动委员会创办了刊物《做什么?》。这个刊名取自列宁的著作《做什么?》（今译《怎么办?》）。在这部著作中，列宁鲜明地提出了"没有革命的理论，就不会有革命的运动"的著名论断。《做什么?》这一刊名及发刊词都是由陈延年拟定的。发刊词《我们应该做什么?》充满激情地写道：

一个革命的新时代，同着一九二七年的春光在我们面前展开了。我们不但是"五四"时代以后的青年，并且是"五卅"时代以后的青年。在整个历史进程的意义上，我们现在不是开始工作，而是继续奋斗。

我们应该做些什么呢？

我们不能用我们祖父和父亲的生活方法来生活，也不能用他们的思想方法来思想。一切从古未有的变动，都要在我们面前涌现了，我们有我们的时代。

那些成千成万的，最受侮辱咒骂的奴隶们，已经纷纷的站起来了。听见了没有他们喊出来的反抗的呼声？这呼声冲进了我们的研究室，冲进了我们的图书馆，冲进了我们的象牙之塔：不但要求我们对于诗，对于艺术，对于科学，要有一种新的考虑，并且指示我们一切学问的出路。

在我们这个时代，只有他们是进步的，是向前的，代表光明的将来，坚决的与一切黑暗的过去奋斗。

问问他们：我们应该做些什么？

要将他们的痛苦……他们的要求，译成我们的诗，我们的艺术，我们的科学。

朋友们，新时代的青年们，这就是我们应该做的。

刊物《做什么？》一经出版，便大受革命青年的欢迎。

除了利用报刊宣传之外，陈延年还开设了各种党员干部培训班，为广大党员讲解社会发展史、唯物主义论、共产主义与共产党、中国共产党党章、党的秘密工作、帝国主义问题、中国革命的任务、中国职工运动、广东农民运动或者做其他的政治专题报告，让学员们受到了很大的教育。

随后，广东区委又创办了一所党校，对省内各地负责实际工作的党员进行集中训练，开展系统的理论教育。

在陈延年的领导下，广东区委还建立并执行了严格的组织生活制度。每个党员不论职务高低，都必须参加党的小组会或支部会，必须经常学习党的文件、指示，讨论党的工作。无故不参加者，视情况给予批评警告或纪律处分。

周佛海是最早加入中国共产党的党员之一，也是出席中共一大的代表。但是，自从日本回国后，周佛海与党组织就很少联系，也不再从事党的任何工作，对于共产主义的信仰渐渐动摇了起来，公开提出中国要实行共产主义的社会革命时机尚早。这时，国民党又用高薪聘请他担任宣传部秘书兼广东大学教授。因为思想蜕变，周佛海给中共广州执委写了一封长信，要求脱离中共。周恩来和陈延年主动找上门去做周佛海的思想工作，劝他要三思而后行。但是，周佛海根本就不听劝阻。于是，1924年秋，中共广东区委批准了这位倚仗老资格恣意妄为的党员脱党。

对于积极要求入党的同志，陈延年总是给予热情的支持、关怀和帮助。但是，他从不降低入党的标准和要求。

郭沫若当时是广东大学文科学长，1926年提出申请入党。陈延年认为郭沫若还缺乏实际斗争的锻炼，于是便让恽代英等人代表党组织同他进行了一番谈话。郭沫若接受了党组织的意见，放弃了文科学长的职务，主动到部队里去做实际工作。不久后，恽代英介绍他担任国民革命军总政治部副主任，参与了北伐战争。1927年，郭沫若还参加了八一南昌起义。随后，经过实际斗争考验的他被批准加入了中国共产党。

而对于那些犯了错误的同志,陈延年则大胆地采用批评的方法。

1925年,省港大罢工开始后,区委组织部干事蒲成德携带3000多元党费潜逃。陈延年一面组织追查,一面召开组织会,对当时的组织部部长穆青进行了严肃的批评教育。虽然穆青和陈延年是在莫斯科东方大学的同学,两人私交甚厚,但是,从党的纪律出发,陈延年还是严厉地批评了穆青粗心大意、责任心不强。穆青诚恳接受,并在会上做了深刻的检讨。最终,他受到了党纪处分。这件事也给了区委全体同志以深刻的教育。

当人力车夫很光荣

作为广东区党组织的第一领导人,陈延年心心念念的是要做好群众工作。他号召同志们要向列宁同志学习,主动深入群众,到群众中去开展工作。他是这样说的,也是这样做的。他经常带着同事一起深入基层,到工人和农民中间去,了解最真实的情况。

在广州的街头上,跑着几千辆黄包车。黄包车是一种用人力拖拉的双轮客运工具,大约在1870年创制,1874年从日本输入上海。因从日本输入,又称为"东洋车""洋车"。为引人注目,招徕生意,车身涂黄漆,故名黄包车。

人力车夫这一职业是城市贫民和进城农民的重要就业途径。老舍在小说《骆驼祥子》中所塑造的祥子形象,就是在北平街头拉黄包车的车夫。当时,全国的人力车夫总数超过50万人,单广东省的人力车夫就有数万人之众。当时的人力车夫,又习惯叫作"手车夫"或"手车工人"。

乘坐人力车是当时城市既便捷又廉价的交通方式。手车夫的收入十分微薄。他们的车辆大多是租赁车行的,车行经理要收取一大笔的租金。拉人力车一天下来的收入大约在50到

80个铜板之间。而当年一个四口之家每天的生活费用就需要60个铜板。且手车夫的劳动强度特别大,很多人因为长期拉车造成疾病缠身,有的甚至因为过度劳累直接倒在了马路上。一旦车夫生病或有事不能出工,那么,其一家人一天的生活便会遇到很大的困难,可能面临无钱买粮的窘境。

陈延年看到街上跑着那么多的人力车,心中百感交集。他决定深入到手车工人中间去,体验他们的生活,感受他们的艰苦。更重要的是,他希望将这些体力劳动者组织起来,让他们为自己的权益而抗争。

陈延年主动走上广州街头。他和广东本地同事沈青、周文雍等,身着短袖褂,脚穿布鞋,一身工人打扮,走到广州万福路、大南路和东堤一带手车工人集中的地方去。他不会说广东话,就通过周文雍他们翻译,和工人们攀家常、交朋友。慢慢地,他学会了几十句广东话,也能用方言和工人直接交流了。这样就更让工人们感到亲切,大家都直呼他为"老陈"。老陈皮肤黝黑,身体壮实,看起来就像一个手车夫,而且很能吃苦,常常谦虚地向车夫们请教,学习拉人力车的技巧和本领,这更让车夫们感觉和他没有距离,觉得老陈就是地道的同行和朋友。

在聊天时,周文雍跟手车夫们介绍,老陈曾经留学法国和苏联,是个留学生,他也是共产党的大干部。手车夫们都不相信。他们怎么也想象不出来,眼前这个长得又黑又粗、完全就是一个工人模样的人，居然是共产党的大干部，而且还留过洋！

　　为了把工人们团结组织起来，陈延年经常到这些穷苦的劳动者家里去探访，遇到有工人生病，或是家里有事无法出车时，陈延年就主动帮忙。他拉车特别卖劲，一天下来，挣的钱一点儿也不比其他工人少。他把自己挣到的钱全都交给工友们，那些无法出车的工人拿到钱时都非常感动，一再地向他表示感谢。因为和工友们亲近，工友们心里有什么话，遇到什么困难和问题，都愿意主动地告诉陈延年。

　　陈延年就在和工友们交流的过程中，向他们讲述革命的道

理，启发他们的阶级觉悟。他还教育大家要利用集体的力量，来对付黑社会的敲诈勒索和警察的欺负，学会斗争的本领，并鼓励大家团结起来，成立手车夫协会，通过组织的方式，争取和保障权益。

在陈延年、沈青、周文雍等人的鼓动下，广州手车夫们的觉悟很快便得到了提高。他们组织起来，成立了手车夫工会，会员有几千人。在后来的广州工人反帝反封建斗争中，特别是在省港大罢工和广州起义中，手车夫工会发挥了积极的骨干作用。

当时，有一个香港的记者在街头上遇到过陈延年，甚至坐过他拉的车，知道他是共产党的干部。于是，有一天，香港《工商日报》发表了一条特别的新闻报道，称共产党的干部沦落到广州街头当手车夫，妄图以此来诋毁共产党人。

周文雍看到这篇报道后十分生气，他把报纸拿给陈延年看。陈延年看了报道，只哈哈一笑。他对同志们说："共产党人当手车夫，这不仅不是耻辱，而且是十分光荣的事。共产党人就应该和工人打成一片，站在一起，因为共产党就是代表工人阶级和一切劳动者利益的政党。"

"六不"作风

陈延年恨不得把全部的时间和精力都投入到工作中去。平时,他的生活十分节俭。为了节约宝贵的时间,他还给自己确立了"六个不准"的要求:不闲游,不看戏,不照相,不下馆子,不讲衣着,不作私交。

同志们称赞他这是在实行"六不主义"。

陈延年听到后,笑着说:"为了革命,理应如此。"

当初在欧洲留学时,法国、苏联等国家都有着优美的自然风光和丰富的人文古迹,陈延年在那里待了五年,却将所有的时间和精力都投入到学习和研究问题上。除了在从巴黎赴莫斯科途中,为了等待护照,曾和同学们一起在比利时和柏林游玩了几天外,他极少出去游玩。他也很少看戏,不喜欢照相,唯一的一张单人照,是为了从巴黎到莫斯科办理护照而拍的证件照。还有一次照合影,是1923年出席旅欧中国少年共产党会议的时候。因此,我们今天能够看到的陈延年的照片非常少。

陈延年也不追求衣着打扮,常年穿着一套列宁式粗绒布服装或是灰布褂子。冬天穿的棉衣还是莫斯科东方大学发的,黑筒皮鞋也是当年学校发的。他的全部生活用品就装在一只随身携带的黄色皮包里。这只皮包除了装文件和生活用品,陈延年睡觉时还拿它当枕头用。他没有固定的住处,而且经常工作到深夜,因此,办公室便成了他睡觉的地方。一张帆布行军床平时折叠好倚靠在墙上,夜里睡觉前再把它打开,就是睡觉的床了。

后来,为了确保安全,陈延年才搬到了广大路广大一巷的一间小阁楼上居住。他的卧室布置得十分简朴,仅有一副床板、一张席子、一条很粗的毛毯和一床被子。

陈延年原来就不怎么穿袜子。到了广州后,这里天气暖和,他更是从来都不穿袜子,即便是穿皮鞋,也是光脚。他的全部收入就是党组织每个月给予的最低生活费30元。在饮食上他更不讲究,平时和其他的同事吃饭都在一起,从不搞任何特殊化。一天两顿饭,上午十点和下午五点各吃一顿。每月伙食费7元,如果到了月底,伙食费有富余,就安排某一天加个菜。

如果说他有什么特别的嗜好,那就是每天有抽草烟的习惯。但是,他买的烟都是价格最低廉的,为了节省,每天也只抽上几支。每月扣除生活费外剩下的钱,陈延年全都拿去交了党费。

区委出纳肖学文是区委秘书长赖玉润的未婚妻,那时才十五六岁。她偶尔花点自己的零钱买上一包南乳花生,在中午一点或是晚上九点左右送到办公室,给赖玉润、陈延年和穆青他们当点心充饥。南乳花生是以花生、红腐乳为原料制作的一道岭南小吃,甘香酥脆,风味浓郁。

每次,接过小肖送上的一捧南乳花生,陈延年总要双手捧着花生,伸到鼻子前去嗅一嗅,连声说:"好香,好香啊!"然后,就像当年在上海滩和弟弟抢吃花生一样,很开心地吃起来。

后来,肖学文回忆:"在当时,这就是陈延年同志最高的享受了!除此之外,他从不大吃大喝,也没有别的口腹之欲。"

有一次,一位刚从大学调到区委工作的年轻党员,刚领到了每月30元的生活费,就花10元钱给自己买了一套西装。当他穿着新西装美滋滋地到区委上班时,陈延年一见,就皱起了眉头,直截了当地批评他:"年轻人希望穿好一点,这当然可以理解。但是,我们是共产党人,不是公子哥儿,要以党的利益为重,不能追求享受,要艰苦奋斗。"年轻同志看看眼前这位区委最高领导身上褪了色的灰布衣服,再看看自己的新西装,感到十分惭愧,脸一下子就红了。

俄国的一名顾问曾对时任广东区委职工运动委员会书记的黄平说:"陈延年不但思想是无产阶级的,而且相貌也是无产阶级的。"陈延年经常把自己剃成光头,穿着工人的服装出门,看起来同普通工人完全没有两样。

在生活上陈延年一向粗粗拉拉,而在个人感情方面,他也从不费心思去考虑或经营。可能是受到父母婚姻不和谐的影响,他心底里有点畏惧婚姻。而且,自己干的是有可能掉脑袋的事业，随时有可能付出生命，他也担心自己会辜负了爱慕或追求他的女子。

有一次，区委同事阮啸仙问他："老陈，你今年多大了？"

陈延年回答："你不是知道的吗？我1898年出生，今年已经28岁；要算虚岁的话，就是30岁咯！"

"30岁？对啊，三十而立，可是你现在却连个对象都还没有，哪称得上'而立'呢？你也该成个家了，需要有个人照顾你呀！"

陈延年笑笑，回答道："工作忙，顾不上了。"

的确，在平时，他把时间都投入到工作中去，很少主动和女同志接触，也从不谈恋爱。

阮啸仙反问他："你是自己不想谈恋爱吧？"

面对自己的同志，陈延年毫不掩饰自己的内心。他认真而又幽默地答道："中国女人的心里真有不可思议的标准。强健的体格本是一个重要条件，在苏联，面孔白皙、不长胡子的男人是会被女人嫌弃的。但是，中国女人偏偏喜欢小白脸。所以，我的这一张大黑脸在中国恐怕永远也找不到女人了！"

尽管陈延年对自己的相貌似乎缺乏信心，但其实也有一些女同志对他十分钦慕，颇有好感，譬如谭平山的妹妹就曾向他表达过爱慕之意。然而，陈延年一直心无旁骛，根本无暇考虑自己的婚姻和家庭问题。因此直到牺牲，他也没谈过恋爱，更谈不上娶妻生子了。

年轻的组织部部长

陈乔年也回国了。1925年夏，按照中央的安排，他和一批留苏的同学一起回到了祖国。

在回国前，陈乔年按照要求填写了一份《旅莫中国共产党支部和中国共产主义青年团支部党员团员调查表》，字迹清秀而工整。在调查表的右上方，贴有陈乔年年轻英俊而微胖的照片，头顶留着一丛黝黑的短发。在陈乔年火热的心中，充满了为民族解放事业而不懈奋斗的信念。在他看来，父亲、哥哥和他自己，现在的职业就是革命，就是要把自己的一切乃至生命，都献给中华民族解放和民主革命的事业。他郑重地把这一信念填写在这份调查表中。这份表的编号是 No.33，学生票号码是 1169。如今它已是珍贵的革命历史文物了。

中共中央安排陈乔年去北京工作，协助李大钊和赵世炎，担任中共北京地方委员会（简称"北京地委"，1923年6月改为中共北京区委，1925年10月改为中共北方区委）组织部部长。北京是当时除广州、上海之外的又一个中国革命的中心地区。在这里，革命形势发展迅猛，急需增强领导力量。不久后，陈乔年改任中共北方区委组织部部长，协助李大钊、赵世炎领导北方地区的党组织建设和反帝反封建斗争。

就这样，陈乔年和陈延年，一个在北方，一个在南方，都在参与领导党的工作。而他们的父亲陈独秀则身居上海，统筹指挥全国的党的建设和工作。父子三人都在为了一个共同的信仰而不停地奔波忙碌。

当时，赵世炎的妻子夏之栩也被调到中共北方团区委机关工作。夏之栩是浙江省海宁县人，1906年出生的她当时才19岁。她12岁时就进入湖北女子师范学校读书，接受了共产主义思想的启蒙教育，16岁时加入了中国社会主义青年团，次年转为中国共产党党员，随后到北京担任北方区团委委员。1925年2月至10月，她任青年团北京地委候补委员，由此和在北京工作的陈乔年共事了一年多。

夏之栩一到区委机关，就和大家一样，十分欣赏陈乔年这位年轻的组织部部长。这个年轻人爱说爱笑，生性活泼，没事时喜欢打打闹闹，既有一片孩子气，天真烂漫，又有青年的蓬勃锐气和朝气，浑身上下都充满了革命乐观主义。然而，一旦讨论起问题来，他却十分严肃，毫不马虎，能言善辩，该批评时就批评，绝不含糊，对就是对，错就是错，特别坚持原则、坚持真理，一身正气。如果他生气了，就连话也不说，更不会笑了。

有一天，王若飞来了，一进门，陈乔年便从门口跳出来，大声吓唬了他一下。王若飞回过神来一看，原来是老同学陈乔年，格外高兴。两个人很快便扭打在一起，从床上打到地下，又从地下打到床上，闹腾了半天。最后，王若飞把陈乔年抱摔在地，这下才算决出了胜负。

夏之栩从未见过这样的场面，在一旁笑得喘不上气。等缓过劲来，她像个大姐一样大声批评道："你们俩呀，哪里像个区委领导？"其实夏之栩不知道，他们在留法、留苏时，也经常这样打打闹闹。这种打闹不仅不伤感情，反而更加增进了彼此之间的亲密关系。

打闹够了，两个人这才面对面坐下来，很严肃地讨论起工作。

三十多年后，新中国成立之后的1958年，夏之栩回忆起和陈乔年共事的日子，还是充满了温情。她说，陈乔年在生活上很有情趣，很热情，也很开朗。对待工作，他十分负责，十分刻苦，每天都很忙碌，白天经常到工厂、学校等处去进行组织和宣传工作；晚上则为党的刊物写文章，为党的训练班写讲稿，常常彻夜不眠。

那段时间，同志们经常晚上在机关里赶印宣传品。夏之栩和另一位女同志负责刻钢板和油印。夏之栩熬不了夜，一到深夜就经常打瞌睡。为了不让女同志们打瞌睡，陈乔年便在一旁一边陪着她们，一边写自己的东西，等写完了自己的文章，又去帮助夏之栩她们油印文件。

那时，陈乔年身体还比较单薄消瘦，夏之栩怕他熬不了

第四章　投身革命　功绩卓著

夜,就劝他:"你还是早点去睡觉吧!"

陈乔年回答:"我可不呢!我要一去睡觉,恐怕我还没睡着,你们这些瞌睡虫早就呼呼地睡着了!你们睡了,文件也就跟着睡了。这样,我们的工作不也就都睡了吗?"

本来,大家都已筋疲力尽、困意十足,经陈乔年这么一说,都被逗得哈哈大笑。这一笑,把睡意都赶跑了。

虽然夏之栩嘴上说让陈乔年早点去睡,心里却巴不得他能留下来陪着大家说说笑笑。因为有他这样一说笑,大家心情放松,时间也就过得特别快,工作效率也就大大提高,很快便把宣传品印完了。

同志们都喜欢和陈乔年一起工作。陈乔年就像一颗年轻

的太阳,照亮了他身边很大一块空间,照亮了很多人。有时候,他也会生气,一旦生气,就整天都不开口说话。然而即便生气,他也不轻易发火,多年颠沛流离的生活早已让他养成了忍辱负重的性格。即便是有怒气,他也把这些怒气深深地压在自己的心底。

和陈乔年接触久了,夏之栩逐渐了解了陈乔年的性格特点。因此,一旦看见乔年半天都不说话,她就会故意逗引他开口,主动跟他说话。而只要他一开口说话,说明他心底的那些怒气和烦恼都已经烟消云散了,他就又变回了平常那个生龙活虎、活泼开朗的年轻人。

陈乔年的心中充满了报国救国、为国效力的激情。在现实斗争中,他目睹帝国主义和封建军阀的种种恶行,更是义愤填膺,坚定了革命的决心。国共合作以后,革命统一战线不断扩大,革命形势迅猛发展,也让他对革命前景充满了必胜的信念。在北京地委,他直接归李大钊领导。他将满腔的热忱全都投入到了如火如荼的革命斗争中去。

为了加强反帝反封建的舆论宣传工作,1924年中共北京区委创办了一份机关刊物《政治生活》,以及时宣传党的方针政策,指导工农群众开展革命斗争,回击各种错误的和反动的言论。

以前党组织要印刷宣传品,主要是委托一些私营印刷厂。但是,当时反动军警的检查特别严格,印刷党的刊物和传单非常困难。有的私营印刷厂不敢承接革命宣传品,有的则趁机抬高印价。党的刊物经常印了不到两三期就需要更换印刷厂。为此,1925年2月,李大钊提议中共北京区委要创办一家自己的秘密印刷厂,并将这项任务交给了年轻的陈乔年。

陈乔年在北京大学的一间教室里召集相关人员开会,研究建立印刷厂事宜。他在认真地听取大家的建议后,询问经验丰富的印刷工人:"建成一所印刷厂,需要多长时间?"

工人们回答:"一般需要两三个月。"

陈乔年说:"时间太长了,不行!要争取在半个月内建成。"

大家都对陈乔年的话半信半疑,觉得这是不可能的事情。但在陈乔年看来,革命形势逼人,必须日夜兼程地完成党交办的重要任务。会上,他对同志们的工作进行了细致的分工部署。

会议一结束,同志们就按照分工行动起来,有的四处去寻找购买旧的印刷机器和其他用品,有的负责租赁合适的房屋作为印刷厂房,有的则去招收因为罢工而被资本家开除的熟练的印刷工人。

通过大家的分工合作,不到10天时间,党的秘密印刷厂就正式创立了。

当时,印刷厂的主要任务是翻印中共中央机关报《向导》,印刷中共北京区委机关刊物《政治生活》,还有一些传单等。因为是在白色恐怖的环境下工作,为了躲避敌人的检查,印刷厂进行了严格的"乔装"：白天承印市民的一般的文稿，只有到了夜里才开始油印党的报刊和其他宣传品。过了半年，为了躲开敌人的侦查，印刷厂又迁移到了新的地址，并且变换了厂名。因此，敌人始终没有发现这家印刷厂的真实背景。

就这样，由陈乔年主持创建的这家印刷厂，就在敌人的眼皮子底下坚持工作了一年多，使党的大量宣传品得以及时出版，为宣传党的理论主张、完成政策传达、推动革命运动的发展发挥了积极的作用。

1925年10月，中共北京区委改为中共北方区委。李大钊任区委书记，陈乔年任组织部部长。根据中央关于开办区委下属高级党校以培养能够负责任的工作人才的指示，中共北方区委决定，在北京开办党校。李大钊、赵世炎、陈乔年分析了中共北方区委所辖各地委的情况，制订了学员入学条件，确定了各地委选派学员的名额；并通过中央，邀请当年4月从苏联回国的罗亦农担任党校校长。

党校地址设在北京西城区新街口的蒋养房胡同（现为新街口东大街）一座坐南朝北的四合院内。为了隐蔽，向北洋政府的北京市教育局办理注册登记时，用的是"北京职业补习学校"的名称，还从天津调来一名党员担任名义上的校长，而实际的校长罗亦农则挂名教务主任。

不久后，中共北方区委党校正式开学。作为区委组织部部长的陈乔年负责讲授"马克思主义阶级斗争理论""党的建设""世界革命形势和国际共产主义运动概况"等课程。为了准备讲稿,陈乔年常常彻夜不眠地备课。他每次授课,都能把道理讲得深入浅出、条理清晰、富于说服力,让学员们受到很大的启发。

三个月后,第一期党校圆满结业,一共培训了约60名学员。这是我们党历史上在北方创办的第一所高级党校。虽然初创缺乏经验,但也达到了预期目的。这些学员返回北方各地后,大都成为党团基层领导干部,为革命事业做出了重要贡献。

陈乔年做事细致,还很有思想。作为组织部部长,自然要思考如何加强党的组织建设。为了发展党员、扩大党组织,他经常深入学校、工厂、机关,了解工人群众的思想状况,现场指导工作。他不怕困难,虚心请教,刻苦学习,在实践中不断探索,总结出了党的组织工作的一些成功经验。他精心设计了各式统计表格,发给各级党组织使用;同时,制定了组织工作制度,要求各级组织遵照执行,从而准确掌握了党的发展状况,加强了对北方各级党组织和党员的管理。后来,中共中央向全国各地转发了由他设计的表格,并且推广中共北方区委加强组织建设的成功经验。

陈乔年担任组织部部长以后,北方地区的党组织发展迅速,党员人数大幅增加,1924年5月全区仅75名党员,到1926年7月已发展到了2069人。

重伤不下火线

1925年11月，奉系将领郭松龄倒戈，与倾向于革命的冯玉祥领导的国民军联合反对奉军。国民军控制了北京地区，由奉系军阀扶持的段祺瑞执政府摇摇欲坠。在此形势下，中共北方区委有同志提出，应该抓住当前的大好时机，借助国民军的配合，领导北京革命群众举行一场推翻段祺瑞执政府的起义，以建立国民政府，结束军阀的反动统治。

然而，陈乔年没有盲目附和，他冷静分析了敌我双方的力量对比，提出了不同意见。他认为虽然革命形势一片大好，但是首都起义还是需要慎重考量。第一，国民军虽然同情群众革命运动，但其领导人物的态度并不明朗；第二，中国共产党尚没有自己的军队，目前党所能组织的革命力量主要还是青年学生，一旦国民军的态度有变，首都起义就很难成功。

针对陈乔年的分析，又有同志提出可以做两手准备，根据形势发展灵活安排。即使起义难以持久，起码可以充分显示群众的革命力量，给段祺瑞执政府以沉重打击。

区委经过反复讨论研究后，最终决定发动首都革命，成立了由赵世炎、陈乔年等人组成的行动委员会，具体负责首都革命的准备和指挥工作。陈乔年虽然持有不同意见，但是区委一旦做出决定，他便毫无怨言地服从区委决定，立即积极投入行动委员会的各项工作。

区委定于 11 月 28 日发动暴动。但就在前一天晚上，突然发生了变故。由于国民党右派的造谣，致使国民军态度发生转变，违背了响应革命群众行动的诺言。28 日清晨，首都革命行动委员会得知这一突变情况，立即通知各区指挥部停止行动。然而为时已晚。由于当时通信联络不便，有的区未能及时接到通知，已经按预定目标发起攻击，并散发了大量号召举行首都革命的传单。

情况危急！行动委员会当机立断，决定率领大批群众向段祺瑞执政府各个机关相继展开猛烈冲击，并召开国民大会，举行大规模游行示威。

29 日，在群众游行示威后，首都革命即告结束。

"首都革命"显示了革命群众的强大力量，给了段祺瑞执政府以一定打击，但未能达到推翻段祺瑞政权、成立国民政府的预期目的。事实证明，陈乔年当时对形势的分析和判断以及提出的意见是完全正确的，说明他在火热的革命形势面前，仍始终保持着清醒的头脑。而在区委做出决定后，他又能不折不扣地坚决执行，这也体现了他坚定的组织观念和纪律意识。

次年，发生了"三一八"惨案。

1926 年 3 月 12 日，日本军舰掩护奉系军阀舰队进攻国民军驻守的天津大沽口。国民军予以还击,将日舰逐出大沽口。事后,日本外务省反咬一口,要求中国政府道歉并赔偿损失。3月16日,日本联合英、法、美等八国向中国政府递交最后通牒,各国军舰驶进大沽口,公然进行武力恐吓。

在中共北方区委领导下,3月18日上午,来自北京80多所高校、60多个团体的数千人,在天安门举行"反对八国通牒国民大会"。李大钊亲自参加群众集会。

集会结束后,李大钊、赵世炎、陈乔年等中共北方区委负责人和数千名群众一起,举行游行示威,并到铁狮子胡同(今张自忠路)段祺瑞执政府门前请愿。请愿群众进入执政府门前广场后不久,反动军警开排枪射击,大肆屠杀手无寸铁的群众。现场血流遍地,秩序大乱。

当时,陈乔年正站在靠近执政府门前的队伍中。他一边大喊"不要乱",一边不顾个人安危,沉着指挥群众撤退。

军警一面开枪射击,一面端着刺刀冲着群众扑来。在一片混乱拥挤中,站在前列指挥的陈乔年被刺中胸膛,几乎伤及心脏,鲜血顿时浸透了上衣。他强忍着剧痛,继续指挥群众抓紧撤退。随后因体力不支,他不得不在同志们的搀扶下,到区委机关进行包扎治疗。

在对伤口做简单包扎之后,缓过气来的陈乔年赶紧询问区委其他同志的情况。当得知李大钊、赵世炎还未回来时,他心里非常焦急,当即让刚刚回来的同志们马上返回去寻找。一直到李大钊、赵世炎安全返回,他才放下心来。

当晚,中共北方区委紧急召开会议,研究惨案发生后应采取的对策。身负重伤的陈乔年忍着剧痛,坚持参加会议并发表个人意见。李大钊见他脸色苍白,让他赶紧去休息。但是他还是坚持到会议结束才去休息。

休息了不到两天,伤口还在渗血,陈乔年就又投入到了工作中。

创建革命武装

陈延年在广东的革命斗争同样惊心动魄。

1924年10月初,陈延年刚刚到达广州不久,就发生了"双十惨案",局势变得异常紧张。当时,广州商团以大买办陈廉伯和大地主陈恭受为首,阴谋发动武装叛乱,妄图推翻孙中山领导的广州革命政府。周恩来和陈延年立即召开会议研究,大家一致赞成对商团叛乱要坚决镇压,并决定由社会主义青年团、广东区委联合广州工人代表会、农民协会等30多个团体举行示威,警告反动商团。周恩来还召开了军事会议,组织起广州工团军和郊区农民自卫军。

10月10日,广州各界群众5000多人集结在一起,高喊着"打倒帝国主义""打倒南北军阀""打倒一切反动派"的口号,举行了反对商团的游行示威。在经过太平路时,遭到商团武装力量的袭击,打死群众二十多人,伤数十人,造成了"双十惨案"。

面对商团武装的暴虐,陈延年没有退缩。第二天,他火速奔向韶关,孙中山、廖仲恺正在那里率军督战。陈延年面见大元帅孙中山,请求他当机立断回师广州,镇压反动商团。陈延年说:"工团军和农民自卫军都准备好了,我们会坚决支持革命政府的行动。"在陈延年的再三说服下,孙中山下令参加北伐的警卫团以及湘粤军一部从韶关连夜回师广州。

15日,以革命军为主力,黄埔军校学生、工团军和农民自卫军协助,一起包围了商团军,发起总攻。几个小时便消灭了商团军,反动头子陈廉伯落荒而逃。

经此一战,广东革命根据地得到了初步的巩固。

1925年1月15日,广州革命政府发表东征宣言,誓师讨伐军阀陈炯明。黄埔军校教导团3000人编入东征军,周恩来作为黄埔军校政治部主任随军东征。

为了支援革命军东征,中共广东区委迅速行动起来,号召广东工农群众保卫革命,打倒陈炯明。陈延年和周恩来等人组织发动了大批工农积极分子随军东征,帮助革命军运送粮食、弹药,担任医疗卫生、宣传鼓动等工作。同时,派遣彭湃赴海陆丰,发动农民自卫军配合革命军作战。在工农群众的大力支持下,东征军势如破竹,捷报频传,两个月内就消灭了广东东部陈炯明等反革命势力,攻克了潮汕。

这一年的3月12日,孙中山在北京病逝。当时广州革命军的主力部队正在东征讨伐陈炯明,广州城市虚空。滇桂军阀杨希闵、刘震寰趁机发动叛乱,率领3万多人占领了广东省省长公署、财政部等重要机关,控制了广州市区及广九、粤汉铁路,企图推翻广州革命政权。

陈延年立即找到廖仲恺,和广州政府其他成员一起,进行紧急磋商。孙中山去世后,廖仲恺是国民党高层中左派的代表。陈延年极力劝说廖仲恺调回东征军,坚决镇压杨、刘军阀。廖仲恺担心将部队调回会影响士气,犹豫不决。陈延年尖锐地指出:"滇桂军阀是心腹之患,不下决心消灭他们,将会养虎为患。无法肃清内部,就无法统一和巩固广东革命根据地,更谈不上推进北伐。"

廖仲恺又担心自己的力量敌不过拥有3万之众的杨、刘叛军。陈延年坚定地说:"单靠武力解决是不够的。工农群众全在我们这一边,只要把广州外围的几条铁路切断,广州就是一座死城,桂军进入不了广州,滇军就成了瓮中之鳖。"

在陈延年和苏联顾问鲍罗廷、加伦等人的坚决支持下,廖仲恺和国民政府接受了消灭杨、刘军阀的主张。

在中共广东区委的动员下,整个广州的工农群众都行动起来了。粤汉、广九、广三三线的铁路工人成立了罢工委员会,宣布罢工,将所有的火车头一律开走,离开滇桂军的防区。不能开走的火车头,一律将重要的机件拆除,让它不能启动。杨希闵悬赏10万元,雇佣工人开火车,但无一人应征。滇桂军防区内的铁路交通全部中断,部队无法按计划集结,只能零零星星地徒步向广州进发。

与此同时,海员也举行罢工,粉碎了杨、刘从香港方面运送物资和借水路运兵的企图。电信工人跟着罢工,中断了滇桂

第四章 投身革命 功绩卓著

军通信。

工人们的罢工给了叛军以致命的打击。革命政府赢得了时间,东征革命军得以及时回师。当东征军到达铁路沿线时,铁路工人又马上复工,及时运送他们返回广州市区。一路上,各地的农民协会也纷纷组织农民担任向导、运输等工作。农民自卫军也行动起来,加入了革命军打击叛军的战斗。

6月12日,在周恩来等人的率领下,东征军和黄埔军校学生组成突击队,向杨、刘军阀发动总攻。陈延年等人则组织团员走上街头宣讲,发动广州工团军、农民自卫军配合作战。经过一天的激战,革命军全面击溃盘踞在广州市区的滇军。

当一身戎装的周恩来回到广东区委,陈延

年赶忙上前迎接。两人热切地握手,相互庆贺。周恩来高兴地说:"已经胜利完成任务,把叛军全部击溃缴械了!"

陈延年也十分兴奋地说:"这是第一个武装斗争的胜利,可喜可贺!"

不久后,盘踞在西江一带的桂军刘震寰部队也被歼灭。滇桂军阀的叛乱被全部粉碎,广东局势转危为安,广州革命政权得到进一步巩固。

陈延年的思想也在战斗中得到了洗礼。1925年5月,他以"陈东"为笔名,在《革命周刊》第1期上发表了《民族革命与工农阶级》一文。在文章中,他旗帜鲜明地说:"只有工农阶级是最能革命的阶级……要靠这个力量肃清党内一切反革命分子,统一本党的观念与行动,森严本党反抗资本帝国主义与军阀的壁垒,完成打倒帝国主义与军阀的民主革命。"

1925年10月,国民革命军举行第二次东征。陈延年派人前往潮州、梅州地区,与当地党团组织一起,发动群众在敌后开展反对军阀陈炯明的斗争。在群众的积极支持下,国民革命军迅速地攻下了陈炯明的老巢惠州,解放了潮梅各地,将陈炯明部队全部赶出广东,取得了第二次东征胜利。

东边战事未平,南路又起烽火。

盘踞在高州、雷州、钦州、廉州和琼崖一带的军阀邓本殷,在英帝国主义支持下,发动叛乱。国民革命军一部南下,讨伐军阀邓本殷。共产党员积极参与,组织发动各地工农群众大力支持。当年底，国民革命军顺利收复了南路各地。1926年2月，又解放了琼崖等地，消灭了军阀邓本殷的反动势力。广东根据地得以统一和巩固，为国民革命军挥师北伐创造了良好条件。

在领导广东工农革命运动的实践中，陈延年逐步认识到，革命群众应该掌握武装力量，以反抗帝国主义和封建军阀。在他和周恩来的决策下，广东区委一向高度重视党对军事工作的领导。在当时全国五大区委中，广东区委是最早设立军事部（军事委员会）这一专门机构的。

1924年初，苏联政府出资300万银元，帮助国民党在广州东郊黄埔长洲岛创办黄埔军校。5月，黄埔军校正式成立。11月，周恩来到黄埔军校担任政治部主任，直接领导政治思想工作。在中共中央的号召下，各地党团组织选拔了一批党团员和国民党左派分子报考军校。在黄埔军校第一期学员中，共产党员和青年团员约60人，占学生总数的10%。1925年1月，黄埔军校二期学员入学后，中共党员人数有所增加。

陈延年深知掌握武装力量的重要性。他和周恩来密切配合，先后调配多名得力干部如恽代英、聂荣臻、萧楚女等，到黄埔军校担任政治教官。黄埔军校的政治工作几乎由共产党主导。因此，当时有一个说法，叫作"国民党的军校，共产党的政治教育"。在整个大革命时期，共产党人在军事工作上和政治上都发挥了积极的先锋作用，在国民革命军和黄埔军校的工作中都担负了繁重的任务。

随着党员数量的增加，广东区委决定在黄埔军校中建立直属党支部，随后又将直属党支部扩大为特别支部，直接归广东区委领导。1926年，又发展为中共黄埔军校党团，在军校各大队中先后成立了党小组，不断扩大中共的影响力。

黄埔军校从创办伊始，即实行政治教育与军事训练并重的方略，培养既能从事政治思想工作又能指挥军事作战的人才。1925年底，陈延年、周恩来提出在黄埔军校中开设政治科的建议。从第四期起，黄埔军校正式设立政治科，并于1926年3月开始上课。周恩来、陈延年还具体参加了政治科教学大纲和原则的制定工作。

在周恩来和陈延年的领导下，广东还活跃着一支富有传奇色彩的铁甲车队。早在和广东反动商团的武装斗争中，周恩来、陈延年等广东区委领导就认识到，党必须直接掌握正规的武装力量。当时，粤汉、广九铁路常被土匪、军阀骚扰。于是，周恩来、陈延年等人便向孙中山提出，建立一支以保护大元帅府安全和铁路安全为基本任务的陆海军大元帅府铁甲车队，得到了孙中山的支持。

1924年11月，铁甲车队成立，共有150人左右。铁甲车队的干部、人员调配均由广东区委决定，一切活动均须请示区委负责人周恩来、陈延年。铁甲车队中还建立了党小组，发展党员。由于有共产党员作为领导核心，铁甲车队纪律严明，具有很强的战斗力。

随后，陈延年等人又对飞机掩护队进行改造。飞机掩护队驻扎在铁甲车队不远处，原属广州政府航空局。1925年3月间，陈延年在征得广州国民政府和航空局同意后，将原队长调离，派共产党员、铁甲车队副队长周士第兼任飞机掩护队队长。同时，从铁甲车队抽调一批队员到飞机掩护队，充任班长、排长，并且向队中输送了一批工人、农民和进步青年。经过一番改造，飞机掩护队也变成了中共直接领导的又一支革命武装。

1925年8月，广州国民政府将黄埔军校和驻地在广东的粤军、湘军、滇军等统一改编为国民革命军。从此，国民党有了自己的军队，结束了孙中山进行武装起义以来一直借用军阀军队打仗的历史。根据苏联顾问的建议，这些军队中都设立了党代表和政治部，共产党员周恩来、李富春等人分别担任各军副党代表兼政治部主任。这样，国民革命军的政治工作，几乎全部由共产党人负责。当然，这些军队的军事指挥权仍然掌握在蒋介石及其他旧军官手里，他们对于中共在军队内部建立秘密组织是心存不满的，也是排挤和抗拒的。

1925年秋冬，中共广东区委决定将铁甲车队扩建为国民革命军第四军第十二师的一个团，并调第四军参谋处处长、共产党员叶挺担任团长。

为了建立一支党直接领导的正规军队，广东区委专门从铁甲车队和黄埔军校抽调了一批干部去组建独立团，遣散了一批流氓地痞出身且表现不好的官兵，同时从湖南、广东、广西招收了一批农民和工厂、矿山来的工人入伍。

11月21日,由铁甲车队和黄埔军校部分学员组成的独立团在广东肇庆成立,叶挺任团长。番号为"国民革命军第四军第十二师第三十四团",次年改番号为"国民革命军第四军独立团"。到北伐战争开始前,全团共有2100多人。

广东区委在独立团设立了党支部,加强了对该团的直接领导。开始时,独立团有党员20多人,后来发展到了100多人。在党支部下,共设立了6个党小组。同时,还建立了共青团组织。在独立团内没有国民党的组织,只有共产党的组织。

1926年北伐战争开始后,独立团作为先遣队,率先奔赴湖南前线。独立团一路奋勇争先,战绩卓著,特别是在夺取汀泗桥、贺胜桥和武昌城的战斗中,打得威武勇猛,令敌人闻风丧胆,赢得了"铁军"的殊荣,而叶挺也被誉为"北伐名将"。

在北伐过程中,作为先锋队,独立团伤亡惨重,中共广东、湖南等地党组织又源源不断地为独立团输送新的干部和兵员,补充战力。北伐结束后,叶挺独立团先后参加了南昌起义、秋收起义和广州起义,成为人民解放军武装力量的一个重要来源。

中共广东区委对军事运动的领导,为中共后来从事军事运动积累了丰富的经验,同时培养了一批党的优秀军事领导干部。

领导省港大罢工

1925年5月15日，上海日本纱厂资本家枪杀了共产党员、工人顾正红。5月30日，在陈独秀、李立三等人的领导下，上海2000多名工人群众举行游行示威。当队伍行进到南京路时，遭到英国巡捕的开枪射击，当场打死13人，重伤数十人，造成震惊中外的"五卅惨案"。

"五卅惨案"发生后，身在广东的陈延年立即行动起来了。他主持召开了广州市党团员大会，决定成立临时委员会，领导全市人民的反帝斗争。

6月1日，中华全国总工会广州工人代表在广东大学操场聚会，抗议"五卅"暴行。6月2日，工、农、商、学、青年军人等团体举行集会，2000多名群众参加。大会通电全国，号召开展抵制英货等活动。

中共广东区委酝酿发动省港工人罢工，声援上海"五卅"运动。

陈延年和邓中夏找到了廖仲恺，希望他对省港罢工给予支持。廖仲恺同意支持罢工，答应每月拨款1万元作为办公经费，并将已查封的烟馆、赌馆，以及征用的会馆、空屋等，作为罢工工人的宿舍和食堂。这样,香港罢工工人返回广州后的食宿问题就得到了妥善的安排。

6月15日,在陈延年主持下,中共广东区委发布了《告广东人民书》,谴责帝国主义暴行,号召广东全省工人和广大人民群众奋起参加反帝罢工斗争。同日,中华全国总工会致函香港各工团,号召香港全体工人同仇敌忾,通令工友一致罢工,向帝国主义者发动反攻。

经过周密的前期准备后,6月19日,省港工人大罢工爆发。

最先罢工的是海员、电车工人和印务工人。紧接着,洋务企业和煤炭、邮务、清洁、医务等各行业工人先后实施罢工。21日,广州沙面各工会3000多名中国洋务工人宣布罢工,广州市内英、日、美洋行及私人住宅雇佣的中国洋务工人也纷纷加入。

在广东区委的细致安排下,香港罢工工人回到广州后,受到了热烈的欢迎,都被及时接待到事先准备好的工人食堂吃饭,这使工人们深受感动。全部工人有地方吃饭,有地方住宿,整个秩序井井有条。

23日,在周恩来、陈延年、邓中夏等人的领导下,广州工人、士兵、学生、郊区农民以及返城香港罢工工人共5万多人在东较场集会。下午,出席大会的群众举行了声势浩大的反帝示威游行。当游行队伍经过沙面租界对岸的沙基一带时,英帝国主义者竟指使士兵扫射示威群众,打死52人,重伤170余人,轻伤无数,制造了令人发指的"沙基惨案"。

走在队伍稍后的陈延年得知消息后无比愤慨。他一面和周恩来等人一起指挥群众疏散撤离,一面及时救护伤员,了解群众死伤情况。

局势如此紧张,陈延年连夜召开了区委紧急会。大家都强烈地抗议帝国主义这一暴行,要求广州革命政府收回沙面,将外国军舰撤出白鹅潭,惩办凶手,赔偿损失。会后,陈延年又找到廖仲恺等人连夜磋商,力促广州革命政府采取紧急措施,支持革命群众。

在中共广东区委的推动下,国民党中央执行委员会发布了关于"沙基惨案"的宣言和通告,向英、法、葡三国驻广州总领事递交照会,严重抗议帝国主义暴行,提出了废除不平等条约的要求。

流血牺牲是吓不倒共产党人和革命群众的。"沙基惨案"发生后,全国人民义愤填膺,省港罢工规模不断扩大。

6月25日,香港搬运工、电报投递员、送货工人、轮船伙夫,各旅馆及九龙外国人住宅服务员纷纷辞职离港。蔬菜、鲜鱼两行工人,酒楼、茶室、理发工人,洋行华员,汽船轮渡水手等相继罢工。广州市区外资工厂和商店的中国工人也都加入了罢工。到了6月底,省港罢工人数达到25万。

在陈延年、邓中夏等人的组织下,筹建了省港罢工工人代表大会。工人代表按人数比例普选,50人选1名代表,共选出 800 多名工人代表。到 1926 年 12 月，工人代表大会共举行会议 178 次，既体现了罢工工人当家做主的权利，又具有民主集中的特征，在汇聚集体智慧和力量、粉碎反动分子各种阴谋方面发挥了巨大作用。

与此同时，省港罢工委员会成立，执行工人代表大会的各项决议。罢工委员会下设各种机构，具有政权所应有的多种权力，可以说是我国最早的工人政权。

广东区委在罢工委员会中建立了党团组织，作为罢工指挥机构的核心力量。同时，在罢工工人中发展党团员，将党团员混编成支部,组织了秘密的党团特别委员会。罢工中的一切重大决策,都经陈延年、邓中夏、苏兆征等人商议或召开区委会议研究后做出,再通过特别委员会予以贯彻实施。中共党团组织的建立为维护罢工工人内部的团结统一、坚持长期作战提供了坚强保证。

陈延年还十分注意实行革命统一战线政策。他积极争取广州革命政府的各种援助,请汪精卫、廖仲恺、胡汉民等人担任省港罢工委员会顾问。当时,党内有些同志持不同意见,认为不能让国民党过问罢工。陈延年耐心地向大家做说服工作,他告诉大家,拉国民党来过问,对执行统战政策、团结多数共同反帝、壮大革命力量大有好处。只要确保重要的部门掌握在我们党手上,就可以保证罢工的健康发展。

对罢工工人的思想和生活,陈延年也是时时关心、时时牵挂。他知道,要想保持工人队伍的团结和战斗力,思想教育工作是重要环节。

为此,中华全国总工会和省港罢工委员会出版了油印刊物《工人之路》,最多时发行到了1万份以上。还办起了罢工工人训练班,邀请党的负责干部到工人代表大会做政治报告。陈延年自己也以"陈东教授"的名义,给工人们做过生动的政治报告,用通俗易懂的语言,向工人们宣讲省港大罢工在中国革命历史上的重要地位,指出罢工工人不仅是为工人阶级自身谋利益,也是在为全国人民反对帝国主义、争取民族解放而斗争。他激励大家说:"帝国主义及其走狗的力量尽管暂时还很强大,工人和革命人民的力量暂时还比较弱小,但只要我们坚持斗争,敌人的力量就会被逐渐地削弱,革命的力量就能逐渐地强大,我们一定会取得最后的胜利。"他的讲授给了广大工人以很大的精神鼓舞。

1926年2月,刘少奇代理中华全国总工会委员长,提出加强培训工人运动干部的问题。于是,中华全国总工会决定,创办工人运动研究学校。1926年6月11日,中华全国总工会省港罢工委员会发布通告,决定由下属的教育宣传委员会"办一工人运动研究学校,目的在养成工人运动人才",革命形势的发展需要培养更高水平的工会领导,因此将工人运动研究学校更名为劳动学院。

6月28日,劳动学院举行开学典礼。这是中国共产党举办的最早的培养工人运动干部的高等院校。至1927年,劳动学院共举办了2期,毕业学员近500人,为推动工人运动培养了一批急需的干部人才。

当时,大批罢工的香港工人回到广州,这些工人的孩子无人照管,成为了工人们的烦心事。广东青年团担起了这个重担,他们决定把孩子们组织起来,成立平民学校。

这个学校由当时在中山大学附属中学读书的龙锦雯、龙业鼐姐弟俩负责。龙业鼐是广西贺州人,他的父亲龙贵谦在广州谋生,所以他们五兄妹随父亲在广州生活。1920年,龙业鼐的哥哥龙业鼎考上北京大学，成为一名马克思主义者。在哥哥的影响下，龙业鼐也于1924年加入了中国社会主义青年团。

根据团组织的安排，龙业鼐将200多名工人子弟组织起来开展集体活动。邓中夏等人决定将这些工人孩子的组织定名为"广州劳动童子团"。为了和其他学校的孩子有所区别，决定参考俄国共产党（布尔什维克）少先队员的标志，给劳动童子团每名学员佩戴一条红领带，负责领导的同志则佩戴一条红领巾。

1925年11月7日，学校举行了庄重的红领带和红领巾授予仪式。陈延年给龙业鼐戴上了红领巾——这应该是中国的第一批红领巾。随后，龙业鼐又把红领带颁授给了劳动童子团的团员们。

1926年9月，省港劳动童子团联合会成立，领导童子团开展工作。这便是广东省少年先锋队的前身。

持久深入的思想教育和普及运动，使罢工工人们的觉悟得到了显著的提升，连他们的孩子也开始有了阶级的觉悟。

有一次，在一处罢工工人宿舍门前，工人的两个八九岁大的孩子，相互之间不知因为何事起了争端，先是口头争吵，继而扭打在一起。邓中夏看见了，便走过去劝架，并问他们为何打架。

一个孩子回答："他骂我的爹娘、骂我的妹妹都不要紧，但是他骂我是'帝国主义'，我能不打他吗？"

另一个回答:"他骂我是'地痞',骂我是'兔崽子',这都不要紧,但是他骂我是'反革命派',我能不回手打他吗?"

这虽然是一件很小的事情,但也反映出了思想教育工作的重要性。

在广东政府的支持下,省港罢工工人积极抵制英货,封锁香港,禁止英货进口,禁止粮油出口香港,断绝了同香港的交通。从1925年7月10日起,实行严格的封锁香港政策。封锁给香港造成沉重打击,香港工厂停工,交通瘫痪,商店关门,物价飞涨,食品奇缺,垃圾满街。香港很快便变成了"死港""臭港""饿港"。英帝国主义在经济上遭受重创。全面封锁香港,对打击英帝国主义的嚣张气焰发挥了一定的作用。

但是,这种不加区别的做法,也影响了国民政府的财政收入和广州的经济发展。为此,陈延年与邓中夏、苏兆征等人商议,在征得国民政府同意后,及时改变斗争策略,将原来"禁止任何国家轮船出入广州"改为"凡不是英国货、英国船及经过香港者,可准其直来广州"。

陈延年指出:"我们过去是要反对一切帝国主义,现在只单独对英……这不是我们的失败,这是在帝国主义与军阀勾结之下暂时退让而已。就像打仗,有时要进攻,有时要退守。我们要看政治情形来决定我们的进行。"

这一举措打破了英国拼凑帝国主义联合战线的企图,同时打通了广东与上海、南洋等地的航线,使大量积压的商品得以外运，而广州地区所需的粮食、燃料等商品也能源源不断地进入。广州商业出现了异常繁荣的局面，广州海关税收大幅增加。

在中共广东区委和广州国民政府的支持下，1926年9月，邓中夏等人组织成立了广州工农商学联合会，进一步加强了各阶层人民的团结合作，将反帝斗争推向深入。

就这样，在中共广东区委的英明领导和正确决策下，省港大罢工如火如荼地坚持了下来。

在领导省港大罢工过程中，陈延年始终战斗在第一线，赢得了人们的敬佩和爱戴。但是，帝国主义者对他却是咬牙切齿，甚至不择手段地对他进行诋毁污蔑。英帝国主义者经侦察得知，他是中国共产党在南方的领导人，又是省港大罢工的领导者、组织者。因为陈延年脸上有一些细微的疙瘩，敌人就用"麻子"代称他，并以"麻子"为主角编造了一部传奇小说，把他描绘成一个四肢细小、肚子硕大的怪物，对陈延年的形象极尽诋毁和嘲笑。

有人将这本以他为"人物原型"的传奇小说送到他手中，陈延年却一笑置之。他幽默地说："奇文共欣赏，感谢英大人给鄙人扬名了！"对帝国主义的诋毁、污蔑和诬陷嗤之以鼻。

组织省港大罢工让陈延年和广东区委更加深切地认识到，只有把工农群众团结起来才有力量。

1926年4月1日，广州工人代表大会组织起来了，来自

200余个工人团体的2500多名代表参加了大会。与此同时，香港工会的统一运动也在中共广东区委的领导下，有步骤、有计划地推进。4月16日至24日，在广州举行香港总工会第一次代表大会，600多名代表出席，选举产生了香港总工会的领导机构。全港工会第一次有了一个统一的领导机关。

广州工人代表大会和香港总工会的成立是省港工会统一运动的胜利成果，标志着省港工会组织基本实现了统一。省港工人阶级在中共广东区委领导下，进一步团结起来，成为广州国民革命运动中最坚强、最有战斗力的一支队伍。

广东区委还特别注重工人武装的问题。在1922年的工人运动高潮中，工会中普遍建立了工人纠察队，后来进一步发展为武装队伍。最初的武器装备只有棍棒、刀斧之类，仅有极少量的自卫手枪。省港大罢工开始后，为了执行封锁任务，省港罢工委员会建立了罢工工人纠察队，共有队员2000多人，配备了长枪、短枪、机关枪、小型炮等武器和10多艘小型军舰，分布在全省各个重要港口，执行封锁香港的任务。

陈延年从黄埔军校抽调了一批懂军事的共产党员到工人纠察队工作，担任队长和教官，并且亲自检查工人纠察队的军事训练和政治教育培训情况。在检查过纠察队的训练后，他高兴地说："我们的武装队伍真好，又精神又熟练，与萎靡不振的军阀部队大不相同。"

在省港大罢工期间，工人纠察队出色地执行了维持罢工秩序、逮捕工贼走狗、截留粮食、扣押走私等封锁香港的任务，还积极参加革命活动，支持农民运动开展，维持社会治安，对广东革命运动发展作出了贡献。

在斗争实践中，陈延年也认识到了农民运动对中国革命的重要性。广东区委极度重视对农民运动的领导，专门设立了农民部，还不断选派优秀党团骨干赴广东各地农村，深入发动全省农民，组织各级农会和农民自卫军。1925年1月，陈延年在写给陈乔年、王若飞等人的信中说："农民运动非常重要，现只有广东在做。故我们的党报上，有人说我们的农民运动尚无经验，不知广东的经验已很多了。"

在海陆丰开展农民运动的彭湃撰写了《海丰农民运动》一书，得到了陈延年和周恩来的热情鼓励。陈延年亲自对该书进行加工修改。这是我们党第一部关于农民运动的著作。书出版后，陈延年组织了20多个在国民党农民部当农运特派员的共产党员和共青团员，深入各地农村进行宣讲，推动各地农民运动的发展。

1925年5月，广东省第一次农民代表大会召开，成立了广东省农民协会。这是全国第一个省级农民协会。

随后，广东区委又选派几十名党团员分赴全省各地，增设了6个农运办事处，领导各地农民开展反对苛捐杂税、高利贷和土豪劣绅的斗争。在中共广东区委建议下，国民党中央在广州开办了农民运动讲习所，以培训农民运动的骨干力量。从

1924年7月至1926年9月共举办了6期，为广东和全国培养了近800名毕业生。

农民运动讲习所开办初期，缺乏必要的理论教材，陈延年专门写信给还在莫斯科东方大学学习的弟弟陈乔年和王若飞等人，请他们尽快将莫斯科东方大学的"俄国共产党史""第三国际党纲及政策""职工运动""经济学""唯物史观""青年运动史""工人运动史"等课程的学习材料和书稿整理好，想方设法通过共产国际的渠道带到广州印刷，以供农民运动讲习所和工人班使用。陈延年还亲自担任农民运动讲习所的兼职教员，给学员们做报告，并从毕业生中选拔了3名优秀学员到中共广东区委组织部工作，其中包括毛泽东的弟弟毛泽覃。

中共广东区委还建立和发展了农民自卫军，对他们进行有组织的军事训练。为了培养农民军事干部，历届广东农民运动讲习所都开设了军事训练课程，陈延年专门派党员军事干部到农讲所指导。在中共广东区委所属区内，农民武装得到了普遍的建立和发展。到1926年5月，广东全省已有农民自卫军3万人，形成了一支强大的农民武装。

当时，广东的农民运动在规模和质量上，均在全国独占鳌头。

第五章

历经挫折　坚守信仰

　　风雨欲来，阴云密布。
　　革命形势一天比一天严峻。在国民党反动派的白色恐怖下，共产党人和工农群众的鲜血染红了大地。陈延年、陈乔年兄弟俩毫无畏缩，不顾凶险，始终战斗在前线。在斗争的惊涛骇浪和血雨腥风中，他们的共产主义信仰不仅没有动摇，反而更加坚定。

不为国民党"抬轿子"

孙中山逝世后,国民党内部发生了明显的分化。除了原有的老右派外,又出现了以蒋介石为首的新右派,他们手里掌握有相当的军事力量,实力不一般。蒋介石一方面有反帝反军阀的要求;另一方面,他更害怕中共领导的工农群众力量。由于他当时羽翼未丰,还不敢公然与共产党决裂,表面上表示继续支持孙中山制定的"联俄、联共、扶助农工"三大政策,而实际上则以"限共"的形式反共,要求加入国民党的共产党员、共青团员脱离一切党派,只做单纯的国民党党员。

在错综复杂的实际斗争中,陈延年从实际出发,不受国民党右翼势力的左右,也不机械地服从共产国际和中共中央的指令,注重维护中国共产党的独立性和斗争性。他经常告诫身边的同志们:"我们要提高警惕,不要为国民党'抬轿子',不要做国民党的'姨太太'。"

当时,在党内有些领导人中,流行着一种错误的观点,认为无产阶级及其政党在资产阶级民主革命中,只能处于帮助国民党的地位,只能充当革命的苦力。对此,陈延年严肃地批驳:"苦力主义是要不得的!"

在陈延年、周恩来的领导下，中共广东区委采取了灵活变通的斗争策略，同国民党左派保持密切合作，对国民党中派想方设法地团结，而对于国民党右派，则毫不留情地揭露和批判他们勾结帝国主义、封建军阀，出卖革命的罪恶行径。

1925年8月20日，国民党左派领袖廖仲恺被右派势力暗杀。

这是国民党右派破坏国共合作的一次严重事件。事发后，陈延年等中共广东区委领导人态度明确，指出这是帝国主义与右派势力破坏革命的阴谋，要求严惩凶手，追查幕后主使，同国民党的反动势力进行坚决斗争。

国民党内一批老右派分子步步紧逼。他们在北京西山碧云寺孙中山灵前，非法召开所谓的"国民党一届四中全会"，通过了《取消共产派在本党之党籍案》等决议，妄图开除李大钊、谭平山、毛泽东等人的国民党中央执行委员会委员及候补委员职务。12月，"西山会议派"在上海国民党执行部成立"中央党部"，派人四处活动。

陈延年对于国民党右派的分裂行径，丝毫没有畏惧和妥协。中共广东区委积极团结国民党左派，对西山会议派分裂国民党中央的行径，予以了坚决反击。国民党在广州召开一届四中全会，决定严肃处理西山会议派。广州乃至全广东都充满了反对国民党右派的革命气氛，吓得西山会议派分子和戴季陶等新右派分子不敢回广东参会。

1925年12月,中山主义研究社的骨干分子又密谋集会,宣布改称"孙文主义学会",阴谋破坏即将于1926年1月召开的国民党二大,公开反对孙中山的三大政策,要求凡国民党员均不准加入其他政党。

针对孙文主义学会分子的破坏,陈延年旗帜鲜明地提出:"绝对不能妥协让步,一定要对他们进攻。"中共广东区委迅速召开会议,针对孙文主义学会破坏分子的密谋,提出了相应的对策,选派了一批政治可靠、受过军事武术训练的工农骨干组成特别保卫大队,保护国民党二大的顺利举行。

12月29日,孙文主义学会举行成立大会,参加者只有1000多人,且多为教会学生和军人。而与此同时,由中共广东区委发动的元旦大游行,参与群众达到了10余万人,声势浩大,极大地震慑住了反动分子。

由于中共广东区委及时采取对策,沉重打击了反革命派的嚣张气焰,保障了国民党二大的顺利召开。出席国民党二大的代表共256人,其中共产党员约100人。

陈延年清醒地认识到,对于国民党右派的卑劣行径,只有斗争,不能妥协。

陈延年、周恩来同苏联顾问鲍罗廷商量,决定在会上联合国民党左派打击右派势力,开除西山会议派分子及孙科等右派分子的国民党党籍;同时在国民党中央监委选举时,使共产党员占1/3,少选中派,多选左派,使左派占绝对优势。当时,出席国民党二大的代表中,共产党人和左派人士占绝对多数,所以实现这一计划是完全可能的。

然而,陈独秀和中共中央却不同意这个计划。他们认为在革命统一战线方面应实行让步政策,要把国民党右派选进国民党中央执委及中央监委中去。对于中央的这些指示精神,陈延年、周恩来、毛泽东等人都觉得难以接受。

在大会开幕的那一天,中共广东区委发表了《对中国国民党第二次全国代表大会宣言书》。宣言书中义正词严地指出:"国民党中旧有之反革命势力在被淘汰之列,因为他们的利益是与革命相反的。""大会的责任,是要规定发展工农运动的计划,确定对于工农运动的正当态度及决定对于破坏工农运动的党员给予严厉的处罚。"

在国民党左派人士和共产党人的共同努力下,国民党二大最终决定,接受孙中山的遗嘱和国民党一大所确定的基本纲领,坚持"联俄、联共、扶助农工",承认中国共产党党员加入国民党以共同革命,提出打倒帝国主义、打倒军阀、统一全中国的纲领。

但是,由于陈独秀等人的一味让步,导致当选的36名国民党中央执委中,共产党员只有7名;而国民党中派和右派却占了15名,连本来应当被开除党籍的戴季陶等右派分子也被选进了中央执委,蒋介石这个新右派也入选执委。在国民党中央监委中,右派更是占据了绝对优势。

革命形势日益严峻起来。

1926年3月18日，宝璧舰、中山舰发生了驶去黄埔又被调回广州的事故。蒋介石认为，这是汪精卫准备扣押自己的阴谋，于是决心借机发动反击。3月20日，他以共产党阴谋暴动为借口，逮捕了海军局代理局长、共产党员李之龙，同时扣押了黄埔军校和国民革命军第一军中的共产党员。

从"中山舰事件"可见，国民党新右派已经抬头，并已篡

夺军权，转向反革命。陈延年和周恩来、毛泽东等人正确分析了当时的形势，决定对蒋介石政治上的反动给予反击。陈延年坚决地说："我们党所领导的工人阶级和工农联合的力量确实已掌握着革命的领导权，谁要是反对革命，我们就能够组织和联合一切革命力量打垮谁。""今后，我们更要整顿和统一职工会组织的阵容，准备武装工人阶级队伍，整顿和普遍发展农民协会和农民自卫军的组织，组织和发展革命青年和妇女的队伍，把这些组织紧紧掌握在我们党手里。只要广大的工农群众掌握在我们手里，跟着我们党行动，进行革命斗争，任何反革命派都跳不出如来佛的手掌心，革命的胜利是属于我们的。"

4月，陈延年向中共中央提交了关于"中山舰事件"的详细报告。他果断地提出："向国民党右派进攻，可以巩固我们同左派的联盟。我们不仅不应当容忍三月二十日事变，而且应当进行一个自己的三月二十日事变。"然而，以陈独秀为首的中央依旧采取妥协退让政策，对蒋介石采取友好态度，以维护汪精卫和蒋介石的合作局面。蒋介石看到中共中央一再妥协退让，更加步步紧逼，进一步实行其"限共、反共"策略。

5月，在广州召开的国民党二届二中全会上，蒋介石以避免"党内纠纷"、"消除误会"为借口，炮制了《整理党务案》，要求共产党人参加国民党后不要在其中谋取领导权、不要独立领导武装；规定共产党员在国民党高级党部任执行委员的人数不得超过各党部总执行委员人数的1/3；共产党员不能担任国民党中央各部部长；加入国民党的共产党员名单必须全部交出。

蒋介石提出的《整理党务案》，遭到了广东大部分共产党人的反对。但是，共产国际代表和中共中央的代表张国焘仍旧决定妥协退让，致使这一议案得以顺利通过。在涉及国共合作采取何种组织形式继续进行这一重大问题上，中共中央为了继续留在国民党内，接受了国民党右派所谓的《整理党务案》。由此，蒋介石实现了其"限共、反共"的目的，完全将共产党置于被利用的附庸地位。

对此，陈延年和广东区委许多人都很愤慨，纷纷指责陈独秀、张国焘主动向国民党右派投降。

陈延年痛心地说："老头子（指陈独秀）不相信工农群众的力量，要他来广州看看工农运动的发展情况。我们共产党人如果不依靠组织和发展工农群众的力量，不仅不能团结更多的革命左派，而且会使现有的革命左派不敢跟共产党走，不敢跟国民党右派进行斗争。"他还特别指出："我和老头子是父子关系，但我是共产党员，我坚决反对妥协退让的右倾机会主义错误。"

得知陈延年"特别偏激"的意见后，陈独秀专门给儿子写了一封家书，苦口婆心地教育他，其中引用"千里修书只为墙，让他三尺又何妨"的典故，劝说陈延年委曲求全，"顾全"国共合作大局。

"千里修书"的典故讲的是:清朝康熙年间,大学士张英有一天收到一封家书。信中说,老家的人因为三尺宅基地,和邻居起了纷争,请求张英利用职权,疏通关系,打赢这场官司。张英阅信后,提笔回复:"千里修书只为墙,让他三尺又何妨?万里长城今犹在,不见当年秦始皇。"家里人看完张英的回信后,不仅不与邻居争了,还主动让出了三尺宅基地。邻居看见后,也主动让出了三尺宅基地。于是便有了之后"六尺巷"的美谈。

收到父亲"语重心长"的来信后,陈延年对同事说:"当初在去法国求学的问题上,我们不听老头子的,事实证明我们错了。但这次,我想是他错了。"

为了让同志们了解党中央对国民党二中全会的政策精神,中共广东区委召开了一次广州各机关、团体、学校的党的活动分子会,毛泽东主持了这次会议。陈延年在会上讲话,他开诚布公地谈到了自己的认识。他说,国民党二中全会没有对右派分子进行批判和制裁,却通过决议对共产党加以各种限制,对此他非常气愤。国民党中央委员中的左派有许多人反对蒋介石的提案,主张给予右派严厉制裁,并要求中共给予支持。但是党中央没有采纳这些意见,而是为了"顾全大局",联合蒋介石,维护共产党和国民党的团结,争取北伐战争的胜利,对蒋介石的提案做了重大让步。陈延年认为,对蒋介石提案的让步有些过头,对蒋介石不应过于迁就,对蒋介石的错误言行,该批评的就批评，对其权力要有所限制。害人之心不可有，防人之心不可无。根据"中山舰事件"后蒋介石的言行，共产党员应该有所警惕。当然，既然中央已作此决定，广东区委就应当服从和执行。

陈延年的这番讲话，含沙射影地批评了陈独秀的右倾错误。毛泽东也表示完全同意和支持陈延年的讲话。

《整理党务案》通过后，蒋介石加紧逼迫共产党员从国民革命军第一军和黄埔军校中撤出。结果，已经暴露身份的250多名共产党员被迫退出了第一军和黄埔军校，周恩来也被迫辞去了第一军副党代表兼政治部主任的职务。

黄埔军校党组织请示中共广东区委，是否要按照《整理党务案》规定，将该校加入国民党的共产党员名单全部交给国民党。陈延年和周恩来斩钉截铁地指示："一个都不要向军校、国民党特别党部表态。未暴露身份的仍同以往一样，以国民党党员身份在该校各部门工作。"

随后，对被排挤出国民党中央及国民革命军第一军的共产党员，陈延年领导广东区委进行安置，举办了战时政治训练班，由周恩来任训练班主任。结业后，周恩来将大部分学员派往国民革命军第四军叶挺独立团，加强北伐军的政治工作。

在蒋介石等新右派的进攻下，广州地区一些立场不够坚定的党团员开始产生了畏缩情绪，个别人甚至请求退出或改名。陈延年指导区委和团区委及时开展清党、清团运动，把那些动摇分子全部清除出组织。

阴云密布,风雨欲来。

陈延年紧张地部署着。他指示广东各地党组织,普遍发动农民运动,加强农民自卫军建设。他特别强调,要发动工农运动,同国民党右派进行斗争;要加强工农武装,如果国民党右派损害工农利益,就同他们斗争。

坚决推动工农革命

形势一天比一天紧迫。

共产国际主张中共中央机关迁移。1926年2月21日至24日,中共中央在北京召开了特别会议,讨论政局与党的任务、中央地址以及巩固广东根据地等问题。陈延年和任弼时、瞿秋白、李大钊等12位代表出席了这次会议。

来到北京开会,陈延年自然非常高兴,他终于见到了阔别已久的弟弟陈乔年。当时,在中共北方区委领导人中,不足24岁的陈乔年是最年轻的一位。

这一年,陈乔年和史静仪经自由恋爱后结为夫妻,这也成为兄弟俩短暂的人生中难得的一抹亮色。之后他们所要面对的,将是更为艰险的荆棘路。

在北京召开的特别会议上,陈延年、谭平山坚决赞同和拥护中央推动北伐的决定。会后,他们回到了广州,积极贯彻中央会议精神,带动广东全体党员参与推动北伐工作。1926年7月9日,广东国民革命军在广州举行阅兵典礼,誓师北伐。各路大军10余万人,唱着"打倒列强,除军阀,努力国民革命,齐奋斗。工农学兵,大联合。打倒帝国主义,齐奋斗"的雄壮

第五章 历经挫折 坚守信仰

战歌，挥师北上。

原先，共产国际和中共中央对北伐顾虑重重，认为应先蓄积实力。北伐出师后，在既成现实面前，中共中央在共产国际远东局的指导下，于7月12日至18日在上海召开四届三中全会。陈延年在会上主张，广泛发动工农群众，开展反封建的革命斗争，以作为北伐的坚强后盾；不应因国共合作而阻碍了农民的斗争，而要不顾一切地发展农民运动，促使土地问题获得更高阶段的解决。为了发动农民起来支持北伐战争，陈延年甚至主张，要在北伐军中提出"分配土地给农民"的口号。

这些具有前瞻性的思想与当时中共中央领导人的意见无疑是相左的。但它代表了党内的另外一种意见和声音，后来也被历史证明是正确的主张。

中共中央决定对北伐战争予以积极响应和支持。对于广东的工作，中央要求鼓动民众赞助北伐，同时也要求，不可因北伐而牺牲民众的自由与利益。

陈延年不顾辛劳，夜以继日地投入到了斗争之中。他四处奔忙，指导两广地区的革命工作，推动广州革命政府的北伐战争。广东区委在《人民周刊》等发表文章，阐明北伐进军的意义，号召支持拥护北伐，动员广东民众起来赞助北伐。由共产党员担任主力的叶挺独立团，成为了北伐先遣队，广东区委还从省港罢工工人纠察队中，挑选出一批精壮的党员积极分子参加独立团，加强独立团的战斗力。从省港罢工委员会中，还动员了3000多名罢工工人，组成运输队、卫生队和宣传队，随军出征。

陈延年又调派党员到长江流域北伐必经之地，配合当地党组织发动工农群众，支援北伐。他马不停蹄地日夜奔忙，一面领导革命力量支援北伐，一面对国民党右派以及豪绅地主破坏北伐、破坏革命统一战线的各种活动进行坚强不屈的斗争。广东区委在工团军的基础上，进一步扩大工人武装，从工人中挑选了1600多人，组建了广州工人自卫队。

随着北伐战争取得节节胜利，各地工农斗争也出现了火热的局面。工人通过斗争，提高了工资，改善了生活待遇和工作条件，初步尝到了斗争的甜头。这些胜利又极大地激发了广大工人群众的革命积极性和参与革命斗争的热情。

但是，在各地工农斗争的过程中，也出现了一些过火的"左"倾错误。在武汉、长沙等地，有的工人甚至提出使企业倒闭的要求，工资加到骇人听闻的程度，缩短工作时间到每天4小时以下，等等。工会命令通行，变成了第二个政府，权力甚至超过了正式的政府。有些地方肆意地打砸庙宇，毁坏佛像，强迫妇女剪发，鼓动人们随便离婚、自由恋爱等。而在斗争土豪劣绅方面也不讲策略，不加区分，提出"有土必豪，无绅不劣"，通通都要打倒。国民党师长何键的父亲是一个地主，被戴上帽子游街。就连中共中央领导人李立三的父亲，也被一个农民协会当作土豪劣绅给处决了。

这些过火的行径引起了国民党内一些军官的强烈不满，他们很快便与反革命势力结合起来，共同反对革命。一些反动势力趁机利用工农斗争的这些缺点，大肆造谣，对共产党造成极为不利的影响。反动敌人和地主豪绅还利用广大农民的不满情绪和落后思想，向工农组织展开进攻；有些地方要党员重新盖庙、修佛像；离了婚的向党员要老婆，辱骂自由恋爱等，乱象不一而足。

面对国民党右派的进攻，陈独秀强调民众运动是使国民革命成为民主革命而不只是民族革命的唯一保证，因此极力督促国民政府支持和保护工农运动。同时，他又不得不执行共产国际的命令，对民众运动多有限制，要求纠正其中的过火行为。陈独秀这种进退失据、左右为难的态度，将自己陷入孤立消极的境地。在党内看来，他是主动放弃领导权，片面讨好国民党；而在国民党看来，他是在煽动阶级斗争，破坏国民革命。

在日益复杂的形势中，陈延年带领广东省农民协会站出来了。

1926年8月，广东省农民协会召开了执委会扩大会议，重申农民有武装自卫之权，动员各地农民反击地主豪绅的进攻。会议期间，在陈延年主持下，广东区委发表了一封公开信。信中详细阐述了农民运动在国民革命中的重要地位，再次强调农民解放的问题是中国国民革命的中心问题，如果不把农民发动起来，国民革命绝没有成功的希望。

随后,陈延年以"林木"的笔名,在《人民周刊》上发表《忍不住了!》一文,旗帜鲜明地说:"广东最穷苦的农民,只希望有裤子穿,有粥喝,起来要求减租,但这对于地主残酷剥削的利益是有损害的。因此,在朝的人便骂他们为土匪。然而,一切劳苦群众,为稍稍改善其惨苦的生活而起来斗争,这是客观必然的事实,不管你赞成不赞成,需要不需要,为他们自身利益,为整个革命利益,即为推进整个革命运动,即为增加整个革命力量,他们必须做这种斗争,并且谁也限制不住。革命党只应而且只能领导这种斗争,不应而且不能反对这场斗争、不要这种斗争。"

10月23日,广东区委给中共中央写报告,提出中共要及时改变以前与国民党的关系,站在民众方面与政府对抗,并预备暴动。

中共中央收到这份报告后,认为这种主张完全错误而且极危险,若不加以痛切地纠正,其所生的恶影响将破坏中国革命运动的进行。因此,要求广东区委必须与国民党左派领袖合作,必须联合左派以制李济深之反动,"不可由我们直接领导民众和李济深冲突,更万万不可有'整个的共产党与国民党的冲突',这是极错误的观念,这是极荒谬的企图"。

而陈延年已经认识到,国民党左派已产生分化,绝大部分已转为中派,他们对工农运动不满,甚至提出了对工农政策要重新审查的问题。陈延年据理力争说:"我们同国民党一起工作,不会有什么结果。"

但是,共产国际认为,在国民党右派对共产党人加大攻击,特别是蒋介石新右派面目日益暴露的情况下,即使左派是软弱的、不稳定的,也必须将其推向前台,共产党人应该以助手的身份来帮助左派,这样才可以避免国共矛盾的加剧。当时,共产国际和中共中央局都把汪精卫视为左派,对汪精卫寄予过高的希望,认为有了他的回归,国民党左派就有了主心骨。

然而,共产国际和国民党左派显然都低估了蒋介石的野心及实力。

北伐军攻克武汉后,1926年11月,广州国民党中央政治会议召开,决定迁都武汉。12月中旬,中共中央政治局在汉口召开特别会议,问题再一次被摆上了桌面。

广东区委重申了依靠工农群众反对蒋介石的主张。湖南区委根据湖南农民运动的发展趋势,也提出应当解决农民的土地问题。然而,会议没有采纳这些正确的主张,而是继续沿用了错误的判断和决策,决定从各方面帮助国民党左派。

《中央对于粤区政治报告的决议》甚至认为,广州发生国民党对共产党进攻风潮,是因为中共广东区委否认左派、忽视左派领袖。在广东工人运动方面应做出重大让步,因为广州工人群众多是手工业工人,他们的要求、他们的行动已经达到现时社会经济所能容许的顶点,不可盲目地跟着群众"左"倾。会议还指责广东同志的观点之错误极其危险,说他们以为我们党之独立即是组织工农小有产阶级群众,在我们党的直接领导之下,和国民政府及国民党对抗;这样解释我们党之独立,必致走向和国民党脱离而危及整个的民族革命运动。可见,此时中央对于陈延年和广东区委的决策及做法,基本上是批判和否定的。

第五章 历经挫折 坚守信仰

受到中央批评

中共中央局和广东区委的分歧其实早就公开化了。

1926年7月，中共中央在上海召开第四届中央执行委员会第三次扩大会议。由于以陈延年、周恩来为首的广东区委和中央局、共产国际远东局意见有分歧，未能形成关于广州问题的最终决议。

但是，大会最后的决议间接地批评了陈延年。

问题的核心还是在对国民党的态度上。中央扩大会议关于国民党问题的意见是，要留在国民党内与左派结成密切的联盟，帮助他们发展巩固国民党，并且反对右派，但是自己不可以代替左派。广东区委却认为，我们要以自己代替国民党左派，因为国民党左派的社会性发展不够，没有我们的领导就不能立起来。

会后，中央派瞿秋白、彭述之等人前往广州调查情况。

9月，共产国际远东局三位委员和瞿秋白、彭述之回到上海，花了一个星期撰写了《关于对广州政治关系和党派关系调查结果的报告》，集中谈到陈延年等人在"中山舰事件"前后所犯的错误。报告首先肯定了广东区委在发展党组织方面取得的成果以及坚持在艰难环境下斗争。当时，广东区委发展了大批党员，至1926年9月已有5000多名，占全国共产党员总数的1/4以上。而后，报告严肃地指出了陈延年等广东同志所犯的政治错误：3月20日以前，他们在广东加强了"左"倾空谈的政策，他们打算让国民党左派和共产党人彻底夺取整个政权机关，认为除了继续执行进攻方针以外，不可能有任何别的办法来防止"中山舰事件"。报告认为这是完全错误的。

可见，陈延年等人所犯的"错误"，概括而言就是认为国民党不存在，国民党已经死亡；国民党左派不存在，只有共产党人在工作；我们可以退出国民党，因为革命斗争中最坚实的力量是中国共产党。而在共产国际远东局委员维经斯基看来，这是完全不懂国民党在中国民族解放运动中的作用。他还批评了陈延年1925年12月27日在发给中央的一份电报中提出的"把国民党中央平分给共产党人和左派"的建议。

因为涉及自己的长子，陈独秀首先表态说："广州人的错误是他们孤立地看待广东，而他们看不到资产阶级的作用，他们只从共产党人对国民党的需要角度来看待国民党。广州人根本否认有必要对国民党做出让步，他们希望有一个'左'的国民党，他们希望恢复3月20日以前的局面。但，这是全国共同的问题，而不仅仅是广东的问题。"他明确地点出了广东区委所犯错误的实质，同时委婉地替陈延年他们做了一些辩护。

彭述之也发言说:"我完全同意老头子的意见,广州的同志有两种有害的倾向,虽然可能他们已经纠正了。他们不仅否定大资产阶级,也否定小资产阶级,他们只考虑工人和农民。对国民党他们是这样想的,要么应当占据它,要么他们应当退出国民党。"

中央对以陈延年为首的广东区委的这些负面评价,直接影响了后来对他职务调整的安排。

1927年1月,鲁迅先生来到了广州。他离开厦门大学,接受了中山大学的聘请。

陈延年得知消息后,立即对如何团结鲁迅做了周密的安排。陈延年要大家帮助鲁迅先生尽快地了解广东情况,了解当前的政治局势。

鲁迅到达中山大学后,1月31日,中山大学学生会主席毕磊和徐文雅等人登门拜访,并将共青团广东区委出版的《少年先锋》一套12册送给鲁迅,以便帮助他了解广东共产党的情况。毕磊等人及时将相关情况向陈延年做了汇报。陈延年告诫毕磊说:"鲁迅是热爱青年的。你要活泼一点,多陪鲁迅到各处看一看。"按照陈延年的指示,毕磊、徐文雅等人和鲁迅愉快地交流,帮助他接触到广东的真实情况,增进了对共产党的认可。

2月7日,中共广东区委学生运动委员会创办了《做什么?》周刊。9日,徐文雅便将新出版的刊物带去送给鲁迅。鲁迅在当天的日记里写道:"徐文雅来并赠《为什么》三本。"(此处的《为什么》指的应该就是《做什么?》这本杂志。)

读了《我们应该做什么?》这篇陈延年撰写的杂志发刊词后,鲁迅回忆起了大约10年前在北京见过的这个陈独秀的儿子,便向毕磊打听:"你们的负责人是陈延年吗?我在北京时曾见过他,他是一个有出息的青年。"当时,陈延年在党内和全国都有一定的影响。

毕磊将鲁迅的话转告了陈延年。陈延年让他带话给鲁迅,近日就去看望他。

3月下旬的一天,在毕磊的陪同下,鲁迅来到了中共广东区委二楼会客室,和陈延年进行了推心置腹的交谈。鲁迅亲切地称陈延年为"老仁侄",而陈延年则尊称鲁迅为"父执"。两人谈得很愉快。直至深夜,鲁迅才告辞离去。

这次面对面的交流,让陈延年进一步了解了鲁迅的政治立场。他是完全站在革命阶级这边的,是拥护无产阶级的。陈延年对毕磊和徐文雅说:"鲁迅是我们党真正的朋友,要继续做好团结鲁迅的工作。"

在蒋介石发动四一二反革命政变之后,4月15日,国民党反动派在广州发动"清党",大肆屠杀共产党人和工农群众,史称"四一五"反革命政变。毕磊等200余名进步学生被捕。鲁迅冒着大雨出席了中山大学各主任紧急会议;第二天,又捐款慰问被捕学生,并积极参与营救。然而,最终萧楚女、熊雄和毕磊等人还是惨遭国民党杀害。毕磊受尽酷刑,最后被装进麻袋,扔进了珠江。

目睹了这许多青年的鲜血,鲁迅出离愤怒。他在悲悼烈士的同时也无情地解剖自己,悲壮地提出:"惟新兴的无产者才有将来。"他相信,只有代表无产者利益的共产党才能够救中国。

4月21日,鲁迅辞去中山大学的职务,三次退还中山大学的聘书。他对许广平说:"一同走吧,还有什么可留恋的!"9月,鲁迅携家带口前往上海,随身还带着登有陈延年文章的《做什么?》和《少年先锋》杂志。

而在革命的惊涛骇浪和血雨腥风中,陈延年的信仰不仅没有动摇,反而更加坚定。

北伐伊始,陈延年就号召北伐军中的党员和团员英勇战斗,爱护人民。他亲自动员和组织了3000多名省港大罢工的工人担任运输、宣传、卫生等工作,发动西江各地数万农民协助北伐军运送物资,组织铁路交通队,帮助运输军队,发动粤北群众为北伐军送茶送饭、抬担架、任向导等。

陈延年高度赞扬工农群众高涨的革命热情。他对省港罢工委员会代表说:"工农群众的热情真高啊!争着报名随军。他们都说'天天喊打倒帝国主义、打倒军阀,现在去打了,为什么不让我们当兵拿枪去跟他们拼呢?'我们有这么多有组织的工农群众,只要领导得好,军民联合起来就行了,何况现在是全国人民反帝反军阀的高潮时候。"

国民革命军从广州出发北伐后，在广东的国民党右派借口"一切为了北伐战争"，限制工农群众运动的发展，压制和破坏群众运动。陈延年和区委其他领导毫不退缩，领导工农群众同国民党右派进行针锋相对的斗争。

当时，国民党右派的反共气焰日益嚣张。一些在地方上从事工农群众运动的同志担心用于训练工人纠察队和农民自卫军的枪支有可能会被政府当局收缴，就特地跑来向广东区委请示应该如何应对。陈延年果断地告诉他们："掌握在工人、农民手里的枪支武器，要好好地保管，必要时应埋藏起来，绝不能被反动派夺走！"

1927年春，蒋介石加紧勾结帝国主义和买办资产阶级，准备公开叛变革命。3月16日，陈延年召开广东区委会，研究当前局势，联合各群众团体，发表了《对时局宣言》，揭露国民党右派与帝国主义、封建军阀相勾结，阴谋扼杀革命的丑陋行径。他尖锐地指出："对于日本帝国主义和北方军阀的妥协，以任何口实，都是丝毫不容许的。"

3月底，陈延年率领广东区委代表赴武汉参加党的第五次全国代表大会。途经湖南时，看到湖南农民运动蓬勃地发展，他受到了很大的鼓舞。

这时，以蒋介石为首的国民党右派反共活动已日趋公开化。但是，以陈独秀为代表的右倾机会主义者却害怕同国民党右派决裂，仍旧一味地迁就退让，反对讨蒋、反蒋。4月5日，陈独秀还与汪精卫发表了《汪陈联合宣言》，声称中国共产党与国民党不会分裂。这份声明就像一颗烟雾弹，掩盖了蒋介石的反共气焰，进一步助长了蒋介石的反革命势力。发表完宣言后，陈独秀按照共产国际的指示，离开上海，前往武汉，准备主持中共五大。

先期到达武汉的陈延年，从4月4日起，多次出席瞿秋白组织召开的中共中央会议。他时刻不忘发展各地党组织，推动工农革命运动。在他的建议下，5月下旬，经中央批准，中共安徽省临时委员会成立，以领导安徽各地党组织和工农革命运动。

兄弟俩失之交臂

革命形势的剧变，使共产国际方面认识到，陈延年原先对于国民党新右派的判断和他对革命形势变化的分析报告都是正确的，陈延年是一位具有远见的政治家。在筹备召开中共五大的过程中，共产国际代表、苏联顾问鲍罗廷的顾问兼助手张太雷，专程拜访了陈延年，提出希望由陈延年取代其父陈独秀，担任党的领导人。

其实，早在一年前"中山舰事件"后，共产国际就在考虑撤换陈独秀，准备在中共五大上解决。但在五大召开前的4月6日，最适合接替陈独秀的李大钊在北京被反动军阀逮捕关押，凶多吉少。而在李大钊之外，当时最适合接替陈独秀的，就要数陈延年了。

张太雷专访陈延年，有可能是出自鲍罗廷的授意，因为共产国际早有这个动议，鲍罗廷也有这个权力。从中可以看到，鲍罗廷乃至共产国际对陈延年的政治和领袖才能是相当看重的。

没想到，陈延年却婉言谢绝了张太雷的建议。

4月10日，瞿秋白主持中共中央在汉口的会议。会议任命陈延年为中共上海区委书记。之所以安排他此时前往白色恐怖笼罩下的上海担任书记,一方面考虑到陈延年在广东领导过全党最大的区委,有着丰富的工作经验,也是最有能力的书记之一,同时更考虑到陈延年对蒋介石反动倾向一贯的警惕和强硬的态度。

当天,陈延年即同李立三、聂荣臻、维经斯基动身前往上海。

4月中旬,陈独秀抵达武汉。他和陈延年仍像往常见面一样,进行了同志式的简单交流,然后便匆匆分手。但是,父子俩心里都明白,这看似是一次寻常的告别,却交织着一种难以言说的滋味。

陈延年这一去,就是深入虎穴,前途布满了凶险。

4月12日,就在陈延年等人前往上海的途中,蒋介石突然举起了屠刀,在上海发动反革命政变,大肆搜捕和屠杀共产党员。得知消息后,陈延年他们不但没有畏缩,反而连夜搭乘火车赶赴上海。

与此同时,陈乔年则从上海出发,前往武汉,准备出席中共五大。兄弟俩就这样错过了此生最后一次见面的机会。

"三一八"惨案发生后,在直、奉两系军阀压制下,冯玉祥的国民军不得不撤出京津,向西北退却。北京中共组织转入地下,北方革命运动进入低潮。根据共产国际和中央的指示,团结、争取冯玉祥及其领导的国民军成为北方区委军事工作的一个重点。1926 年 9 月 17 日，冯玉祥在五原誓师。中共先后抽调大批共产党员和进步青年到国民军中开展政治工作。

为了解决工作中遇到的问题，北方区委专门委派陈乔年前往察哈尔、热河、绥远等西北地区考察，并到五原，同担任国民军总政治部副部长的共产党员刘伯坚联系，了解国民军实际情况以及军中工作的具体计划。11 月，陈乔年回到北方区委，向李大钊等人汇报了此次考察情况，特别是报告了西北军政治工作的相关情况。通过陈乔年所做的考察报告，李大钊了解到了冯玉祥为人谨慎切实，虚心好问，勤俭廉洁，同情民众的痛苦，维护民众的利益，不像其他军队领袖那样狂妄自大、纵容部下。李大钊因此认为，冯玉祥这支军队在未来的革命斗争中是有积极作用的。

毫无疑问，陈乔年考察冯玉祥西北军后所写的这份报告，对李大钊的决策意义重大。李大钊就此专门向中央做了汇报。11 月，中央形成了《关于国民军中工作方针的决议》。

随后不久，因为北方形势紧张，而南方革命形势迅猛发展，又急需大批党的干部，根据中央的指示，陈乔年等人都迁移到了上海。陈乔年还担负着一项使命，就是代表北方区委出席即将召开的中共五大。

到了上海后，陈乔年见到了自己的老友、亚东图书馆的汪原放。29 岁的汪原放向陈乔年表达了加入共产党的意愿。虽然两人相识相交多年，但是陈乔年并没有轻率地答应。他委婉地对汪原放说:"放到解剖台上看看,看来看去,你是一个国民党左派。"

后来,陈乔年多次找老友谈心,了解他这些年的工作、生活和思想状况。在经过一段时间的深入考察后,他才按照组织程序,同郭伯和一起,介绍汪原放入党。

入党后,汪原放很快便成长为党在出版印刷战线上的一名干将。

1927年,刚刚担任汉口《民国日报》主笔的高语罕从武汉拍电报到亚东图书馆,邀请汪原放到武汉去协助他,担任该报的编辑。汪原放便向陈乔年请教:"要不要去武汉?"陈乔年回答:"当然可以去。"

这时,陈乔年的妻子史静仪已经身怀六甲,即将生产。正值中共决定在武汉召开五大,于是,陈乔年、史静仪夫妇,彭述之、陈碧兰夫妇便和汪原放相约一道动身。

他们乘坐的是一艘英国船。船上甲板周围安有钢板,防止长江两岸军阀打枪伤及旅客。船后还有军舰跟随保护。

当一行人到达武汉时,高语罕已经离开武汉去上海任职,《民国日报》主笔换成了茅盾。在茅盾的邀请下,汪原放留在了《民国日报》,担任国际编辑。

陈乔年以北方区委代表的身份出席中共五大,并当选为中央委员,是当时最年轻的一位中央委员,年仅25岁。

在这次全会上,陈独秀再次当选总书记,陈延年也当选为中央委员。这样,陈氏父子三人同时当选中央委员,而这一届的中央委员一共才31名。

中共五大结束后,5月至7月底,陈乔年留在武汉工作,担任中央组织部副部长。部长李维汉由于"马日事变"(1927年5月21日,反动军官许克祥在湖南长沙发动反革命政变。因当天电报代日韵目为"马"字,故称"马日事变")导致武汉至长沙的铁路中断,因此未能及时到任。6月,陈乔年还代理了中央秘书长。

当时,正值国民革命风云突变之际,党中央几乎每天都要开会,研究形势,制定对策。陈乔年每天都十分忙碌,几乎无暇休息。他直接参加和列席的中央会议就有十几次。在汪精卫发动七一五反革命政变后,陈乔年负责的中组部承担了极其繁重的疏散和撤离干部的工作。陈乔年办事周密细致,根据干部的不同情况进行分配,并为他们及时解决交通、经费等问题。

史静仪的父亲是个富有的商人,家里建有很大的房子,还购置了大量田产。为了帮助党组织筹措经费,史静仪经常拿家里的东西去变卖。有一次,陈乔年和汪原放一起,大清早就坐船过江去武昌,到了史家大房子。

吃过早饭,陈乔年问妻子:"搞好了吗?"

史静仪回答:"差不多了,还要上去再拿。"

陈乔年便和汪原放跟随史静仪穿过了一个又一个厅,来到了一间漆黑的房间，里面是一排排古色古香的木架。

史静仪爬上梯子，从木架上拖出了几大捆东西，递给陈乔年。汪原放很好奇，悄悄问陈乔年："那么一包一包的，是什么？"陈乔年回答："田契。都拿去押、卖。"

这些田产抵押和变卖的一大笔钱，便都充作了党组织的经费。

而此时，在白色恐怖笼罩下的上海，陈延年的处境更加凶险。

四一二反革命政变发生后，陈延年、李立三、聂荣臻一行三人受党委派，来到白色恐怖下的上海，他们不顾危险，寻找失散的同志，恢复和重建党组织，积极开展对敌斗争。

他们首先找到陈延年过去常住的郑超麟家。当时，郑超麟还在睡梦中，他被从床上拉起来时非常吃惊。再仔细一看，原来是老朋友陈延年突然来访。

陈延年面色严峻，没有寒暄，直截了当地对郑超麟说："你去找罗亦农、赵世炎，请他们到这里来。"

郑超麟回答："好，我这就去。"也不问究竟。因为他知道，党内有纪律，不该问的不能问。

罗亦农从1926年起担任中共江浙区委书记，而赵世炎则自1926年5月从北京来到上海，任中共江浙区委组织部部长兼上海总工会党团书记，并兼任江浙区委军委书记。当时，罗亦农、赵世炎都隐蔽地居住在北四川路靠铁路的黄陆路附近。

在郑超麟告知来意后，罗亦农反而让他请陈延年三个人到他们这里来。因为此时蒋介石正在悬赏万元通缉他和赵世炎等人，他们如果公开露面，无疑会面临更大的危险。

陈延年、李立三、聂荣臻向罗亦农和赵世炎传达了中共中央关于调整中共江浙区委组织的精神，由陈延年接替罗亦农，任中共江浙区委书记，区委主席团包括陈延年、赵世炎、郭伯和。

4月15日，在上海召开上海区委主席团会议，李立三、陈延年、周恩来等人出席。会上，周恩来指出，蒋介石的力量并不大，只要武汉出兵，有5万精兵即可削平蒋的势力，并认为应先解决老蒋，然后才可北伐。陈延年非常赞成周恩来的意见，他说："我们应趁资产阶级政权尚未牢固前打击蒋介石，才有胜利的希望。如果再延缓，资产阶级的政权一经稳固，我们就无法打倒他。"

根据周恩来的意见，会议通过了《致中共中央意见书》。

随后不久，蒋介石在南京另组国民政府。陈独秀、毛泽东、周恩来、陈延年、赵世炎等共产党人和国民党左派全都被列在了南京国民政府的第一号通缉令上。

蒋介石发动反革命政变后，大批优秀的共产党员惨遭杀害。江苏各地的共产党组织被迫转入地下秘密活动，全省党员从7000多人锐减到了1000多人。工会、农会等革命群众组织被查禁，革命阵营迅速分化。

许多人对革命的前途感到灰心失望，也有一部分动摇分子，因为恐惧，脱离了党组织。陈延年和赵世炎为了鼓舞士气，想方设法地到群众中去做艰苦细致的思想工作，利用一切形式开展斗争。通过他们的努力，上海、南京、无锡、宜兴、江阴等地的党组织部分得到了恢复，并且在恶劣的条件下开始极端秘密的地下工作。

"四一五"反革命政变后，广州大批革命党人惨遭捕杀，形势严峻。曾和陈延年共事的谭天度来到上海,千方百计找到了陈延年。因为陈延年曾担任广东区委书记,参与领导过省港大罢工,在广东党员干部中有很高的威望。谭天度焦急地询问陈延年:"中央有什么动作没有?为什么不反击蒋介石?"

陈延年劝他冷静:"革命,血总是要流的。这次我们经验少,吃了大亏。但也使我们对国民党反动派的本质看得更清楚了,也把我们党锻炼得更精明干净了。只要我们好好地总结这些经验教训,我们就有胜利的希望。"他勉励谭天度说:"共产党员到什么地方都是要搞革命。我们不要为敌人的淫威所吓倒,不要因革命的暂时失利而气馁。革命斗争是长期的,广大的工农群众是我们的。只要我们善于总结教训,最后的胜利,绝不是属于敌人,而是属于我们。"

陈延年的这一番话,让谭天度这位1922年入党的老党员在迷茫中看到了希望,坚定了革命到底的勇气。

谭天度告诉陈延年,自己到上海后,曾在马路上遇到两位熟人,并跟他们热情地打招呼,没想到那两位熟人却视而不见,转身就走。他感到很费解。

陈延年告诉他:"你以为今天还能和过去一样吗?敌人正在千方百计地要将我们一网打尽呢!为了长期打算,我们必须在白区坚持隐蔽,保存实力,不要粗心大意。在马路上不但不好打招呼、说话,也不要二人同行,行路时还要注意有没有人跟踪。待我们休养生息,养精蓄锐,扩大力量后就可以卷土重来了。"

大革命失败后,谭天度毅然参加了八一南昌起义,为创建中国人民解放军做出了积极贡献。后来,他频繁活动于香港、上海等地,坚持地下斗争。新中国成立后,他在广东长期从事民族事务等方面的工作。

根据中央的安排,陈延年接任江浙区委书记,赵世炎任江浙区委组织部部长。

为了安全起见,赵世炎安排陈延年住到自己家里去。5月下旬,陈延年正式搬到窦乐安路190号赵世炎家。当赵世炎的夫人夏之栩听说陈延年要住到自己家来,十分高兴。此前夏之栩还没有见过陈延年,但她知道陈延年是陈乔年的哥哥,也是自己丈夫多年的好友,两人曾一起在法国和苏联留学。

赵世炎告诉她:"延年同志是一个只知道工作不懂得生活的人,工作起来常常废寝忘食。他来了你可得多多照顾他的生活。"

夏之栩回答:"当然!这样一个好同志,怎能不好好照顾呀?"

于是,她将家里三楼的一个房间收拾整洁,简单布置了一下。

第二天,赵世炎便领着陈延年回家了。陈延年穿着一件旧的中山装,手里提着一只小皮箱。

夏之栩看到陈延年觉得很奇怪:他跟自己的弟弟怎么一

点都不像呢？陈乔年皮肤白皙，文质彬彬；而陈延年却皮肤黝黑，身体健壮，长相憨厚朴实，看起来丝毫不像读书人，倒像个武夫或干粗活的。陈延年的长相一下子就给她留下了深刻的印象。

陈延年同夏之栩热情地打过招呼，便爬上三楼，在给他安排的房间里，把小皮箱打开。他的皮箱里只有几件旧衣服和一些图书。他从口袋里掏出几张钞票，大约三四十元钱，一把交给跟在身后的夏之栩，笑着说："我不会生活，在你们这里有吃有住就行。这钱都交给你支配好了。"

赵世炎对妻子说："他的话是真的。你拿着吧！他的吃穿问题就由你负责了。"

时令已经是夏天，在上海这样的都市，陈延年身上还穿着中山装，显然已不合时宜，一看就不是本地人，很容易引起特务的怀疑。于是，当天夏之栩便上街去，为陈延年购置了夏衣和一些日用品，还给陈延年买回了袜子。陈延年把袜子退还给夏之栩，笑着说："我夏天从不穿袜子，还是留给世炎穿吧！"

谁也想不到，陈延年在赵世炎家寄居的时间很短。一个月后，陈延年就被捕了，连他交给夏之栩的那点生活费都还没用完。

陈延年工作起来总是夜以继日，几乎每天都要忙碌到深夜12点以后。赵世炎经常劝他要保重身体，他却总是淡淡一笑，说自己能够挺得住。

在赵家,每天天还没亮,陈延年和赵世炎就起床了。在吃早饭之前,两人要抓紧时间商量一下工作。早饭后,延年即赶往北四川路恒丰里104号的区委机关,给同志们安排布置任务。他特别善于综合大家的意见,常常用几句简短精辟的话就把问题解决了。

有一次散会后,赵世炎对妻子说:"孔夫子称赞他的一个弟子说'夫人不言,言必有中',你能领会这句话的意思吗?"然后,他又自问自答道:"延年就是这样的。他话语不多,但说出来的每句话都很管用、很有道理。"

在白色恐怖下,陈延年主要负责整个江浙区党组织的恢复工作,同时他还注重做好与国民党左派的统战工作。

他有时去区委机关部署工作,有时去找失散的同志谈话,帮助他们在白色恐怖中坚定立场、坚持斗争,恢复和重建了党及工会的各级组织。有时,他主动去拜访国民党的一些左派人士,商量组织革命统一战线。

当时,国民党上海特别市党部有一名投靠蒋介石起家的部长,此人经常派遣特务监视和杀害国民党左派及其他进步人士,对统战工作造成了很大的损害。

陈延年和赵世炎等人商量,决定派遣区委组织的"打狗队",除掉这个坏蛋。没过几天,"打狗队"便将这个坏家伙处决了。

在平时,陈延年重视秘密行动,警觉性很高。他还一再地提醒同志们一定要提高警惕。他特别强调说："保存自己，就是为了打击敌人，完成党交给我们的任务。暴露自己，就等于帮助了敌人，减少了革命的力量。"

原先，江浙区委在四川路上设有多个党的秘密机关，而且各个机关相互距离都很近。陈延年发现这个情况后，考虑到一旦一处机关发生意外，势必危及其余，于是，他果断决策，迅速将各个机关分别迁到了不同的地方。

不久后，果然有一个地下党的对外联络机关遭到敌人破坏。有一位住在机关里的交通警卫因临时外出而侥幸脱险。但是，由他保管的几百元党的经费、存折和取款的印章都还存放在屋子里。因此，他十分焦急，担心存折和印章会被敌人搜去。于是，他暗中观察了几天，发现没有什么异常后，便擅自潜回住地，取出了存折和印章。

陈延年得知这件事后，十分生气，严厉地批评他："你这样做，是违反党的纪律和秘密工作原则的。你冒着生命危险去取东西，这不能讲不对。但你这样做，对党却是很危险的！损失几百元钱总是有限的，但如果一出了事被敌人逮捕，那就会给党带来很大的麻烦。当然，我们相信你不会叛变，但你是交通警卫，你若出事就会牵涉到党的许多机关，组织就要做很多工作，这将造成多大的损失啊！"

听着陈延年入情入理的批评，那位同志感动得哭了起来。他说："我一定汲取教训，不再麻痹大意！"

第五章 历经挫折 坚守信仰

陈延年对自己生活要求很低，吃饭、穿衣都很节省，但是对其他同志的生活却十分关心。

那时，党的活动经费不多，脱产参加工作的同志津贴都不高，单身一人过活还可以，要想靠津贴养家就很困难了。区委机关的张振亚是负责青年工作的，他的爱人要生孩子了，经济很拮据。负责财务的同志仍旧按规定，发给张振亚固定的津贴费。陈延年知道后，专门交代财务人员，要给张振亚多发一部分津贴，帮助他解决实际困难。

为了恢复中共南京地委，陈延年经过慎重考虑，决定选派一位得力的干部黄逸峰去担任南京地委书记。

黄逸峰出发前，陈延年同他谈话，布置具体任务，语重心长地告诫他："一个共产党员，特别是党的干部，不仅要在革命胜利时积极工作，在革命遭受挫折时更应该立场坚定，勇挑重担。"他指导黄逸峰在斗争中要注意策略，做艰苦深入的工作，争取尽快打开局面。黄逸峰到南京后，根据陈延年的指示，积极开展工作，很快便恢复了党的组织。

在陈延年、赵世炎等人的正确领导和不懈努力下，在不长的时间里，遭受破坏的各级党组织逐步得到了恢复，白色恐怖下的斗争局面得到了很大的改观。

1927年6月1日，中共中央政治局通过《中国共产党第三次修正章程决案》，规定党的组织分为全国、省、市或县、区、生产单位五级。中央决定，撤销中共江浙区委，分别组建中共江苏省委和中共浙江省委,上海市区的部委则隶属江苏省委领导;并决定,由原江浙区委书记陈延年主持江苏省委的筹建工作。

经过一段时间的筹备,6月26日,中共江苏省委在上海北四川路恒丰里104号成立。陈延年、赵世炎、郭伯和、王若飞、韩步先等人担任省委委员,陈延年为书记,郭伯和任组织部部长,韩步先任秘书长兼宣传部部长。

第六章
壮烈牺牲　视死如归

　　陈延年受刑时,宁死不屈,始终不肯跪下。他大义凛然地说:"革命者光明磊落,视死如归。只有站着死,决不跪下!"陈乔年则是微笑着走向刑场的。他神情泰然地说:"让我们的子孙后代享受前人披荆斩棘的幸福吧!"

　　兄弟俩牺牲时,一个 29 岁,一个 26 岁。他们把青春的生命献给了共产事业,用鲜血书写了不变的誓言。

死也不跪下

恒丰里104号是一幢砖木结构的三层楼新式石库门住宅。1926年建成后,中共上海区委在这里开办过党校。

1927年6月26日上午,中共江苏省委在恒丰里104号召开干部大会。中央代表王若飞在会上传达中共中央的决定,宣布撤销原中共上海区执行委员会,成立中共江苏省委员会兼上海市委员会,任命陈延年为书记,另调赵世炎到中央工作。

正在这时,陈延年接到报告:有一位交通员突然被捕。因为这个交通员知道恒丰里这一处秘密处所,于是,陈延年和王若飞紧急商量后,决定提前结束会议。

然后,他们便一直躲藏在暗处观察周围的动静,心里抱着一个侥幸的想法:那名交通员应该不会叛变。到了下午3点,还没有发现有任何异常。为了销毁办公室内的大量秘密文件,防止给党组织带来更大的损失,陈延年和大家商议后,决定返回恒丰里104号。

然而,就在他们回到办公室没多久,大批的军警突然包围了恒丰里104号。

当军警冲进楼里时,陈延年等人奋起反抗。双方扭打在一

第六章 壮烈牺牲 视死如归

起,直至精疲力竭、皮破血流,衣服等均被撕破。陈延年一面催促其他同志从楼上逃走,一面抄起桌椅同敌人展开搏斗。在搏斗中,有两名军警被陈延年击伤,而陈延年自己身上的衬衣也被扯破。

最终,有两名同志从屋顶逃走,其余四位——陈延年、郭伯和、韩步先和黄竞西不幸被捕。

被捕后,陈延年沉着、机智地和敌人做斗争。他衣着朴素,而且体格健壮,皮肤黝黑,因此在军警审问他的时候,他便自称"陈友生",是这一家人雇佣的伙夫。

当时他身穿短衣,裤腿上还扎着草绳,和做粗活的工人一般无二。审查官看到他这一身装束打扮,认为符合他自己交代的身份,便草草结案,将他押往龙华监狱。

党组织得知陈延年被捕但并未暴露身份的情况后,立即组织营救,通过人道互济会的同志与敌方办案人员交涉,打算花800元将他赎出。王若飞也设法请著名的律师来帮助解救陈延年。但是,由于陈延年曾击伤两名军警,敌人认为他很凶狠,决定要给他点苦头吃,因此暂时还不放人。

正在这时,一件意外的事情打乱了整个计划。

因为被捕时衣服已被扯烂,于是,陈延年便托人给亚东图书馆经理汪孟邹捎去了一封短信。在一张皱巴巴的纸上,他潦潦草草地写了几行字:"我廿六日在恒丰里误被逮捕,关押在市警察局拘留所。我是正式工人,当然不会有什么大问题,不日即可讯明释放。现在我的衫裤都破烂了,请先生替我买一套衣裤送来。"信的末尾署名陈友生。

汪孟邹收到来信后,十分困惑。从信末署名"陈友生"上看,自己并不认识这个人。再仔细琢磨,"陈友生"应该是个化名,字面意思就是陈姓朋友所生。这不是陈延年还能是谁呢?因为陈乔年此时已经去了武汉,只有陈延年在上海。再从字迹上辨认,这确实是陈延年的求救信。于是,汪孟邹马上开始千方百计地四处找人营救。

这时,胡适正好来到了上海。汪孟邹和胡适是多年的朋友,同时他也知道胡适是陈独秀的好友。胡适是个大名人,面子大,路子也广,汪孟邹便找到了他。

胡适看过纸条,问他:"这到底是何人?"

汪孟邹如实相告:"写信者就是陈独秀长子陈延年。"

据说,胡适找到了吴稚晖,希望吴稚晖出面帮助疏通各方关系,设法营救陈延年。殊不知,此时的吴稚晖已成为与中共势不两立的国民党右派核心人物。当他得知陈延年被捕时,不仅没有念及多年情谊,反而大喜过望。想当年,陈延年、陈乔年兄弟原本都是追随自己的"得意门生"、少年英杰,没承想,自从二人去了巴黎留学以后,就彻底转变了无政府主义的观点,和自己分道扬镳,并且加入了共产党的阵营,吴稚晖对此早已记恨。陈独秀也曾笔不留情,骂过吴稚晖是老狗,公然发表打油诗讥讽他:"吴家哲嗣今应斩,绕室汪汪犬吠声。"如今，陈延年身陷囹圄，他岂能不落井下石？

吴稚晖假情假意地答应胡适自己一定帮忙，转过身去，他便给上海国民党警备队司令杨虎写信，祝贺他抓到了陈独秀的儿子陈延年；并且特别强调，陈延年倚仗小聪明作恶多端，超过其父百倍，可恶至极！

而这个杨虎，正是一路追随蒋介石，制造了各种暗杀共产党人事件的一名特务头子。

杨虎收到信，喜出望外，他根本没想到陈独秀的儿子居然会被自己抓到。陈延年是共产党中反对蒋介石的强硬派，而且是共产党的一名大首领，抓到他，就可以去向蒋介石邀功请赏了。于是，他立即带人赶往龙华监狱，马上提审讯问。

"你是陈延年吗？"

陈延年摇摇头。他不知道吴稚晖给杨虎写信的事，更不知道省委秘书长韩步先经受不住敌人的严刑拷打已经叛变。杨虎冷笑几声，叫人将韩步先押上来。

被敌人打得浑身是血的韩步先两腿战战，根本不敢正视陈延年。他把头偏向一边，低声说："他就是陈延年。"

"无耻！叛徒！"陈延年破口大骂。

身份暴露后，陈延年被国民党施以各种严刑，被折磨得体无完肤。但是，陈延年始终咬紧牙关，一声不吭。敌人问任何问题，他都只字不答。

最终，敌人无计可施，又怕夜长梦多，于是决定立即将他杀害。7月4日，敌人将陈延年等人秘密押赴龙华监狱枫林桥刑场。刽子手命令陈延年跪下受刑，但是陈延年宁死不屈，始终不肯跪下。

他大义凛然地说："革命者光明磊落，视死如归。只有站着死，决不跪下！"

几个刽子手硬把他按到地上。但是，就在刽子手松手抽刀的一瞬间，被五花大绑的陈延年突然一跃而起。刽子手挥刀砍下，却未砍到他的脖颈。刽子手顿时大惊失色！几个人赶紧一拥而上，将陈延年死死按倒在地，挥起大刀不断砍劈。

陈延年，这位中国共产党早期的杰出领导人，这位伟大的革命者，就这样壮烈地牺牲了！

陈延年牺牲后，蒋介石下令不准收尸。

7月5日，上海《申报》登出消息《铲除共党巨憨》，披露了吴稚晖写给杨虎的信件。汪孟邹读到这张报纸，顿时如五雷轰顶，心如刀绞，瘫倒在地上。后来，有人曾当面询问汪孟邹关于陈延年被杀的事情，汪孟邹愧疚地回答："这件事不堪再谈啦，总之是我毕生难忘的罪过！"其实，他不知道共产党内的叛徒韩步先、束炳澍早已出卖了陈延年。

韩步先叛变后，又供出了赵世炎的住处。

7月2日，一场雷雨过后，赵世炎家也被敌人包围了。敌人发现赵世炎不在家，便埋伏在屋里。夏之栩和她的母亲非常着急。夏母想要移走窗口的一盆花来给赵世炎报警，但是敌人

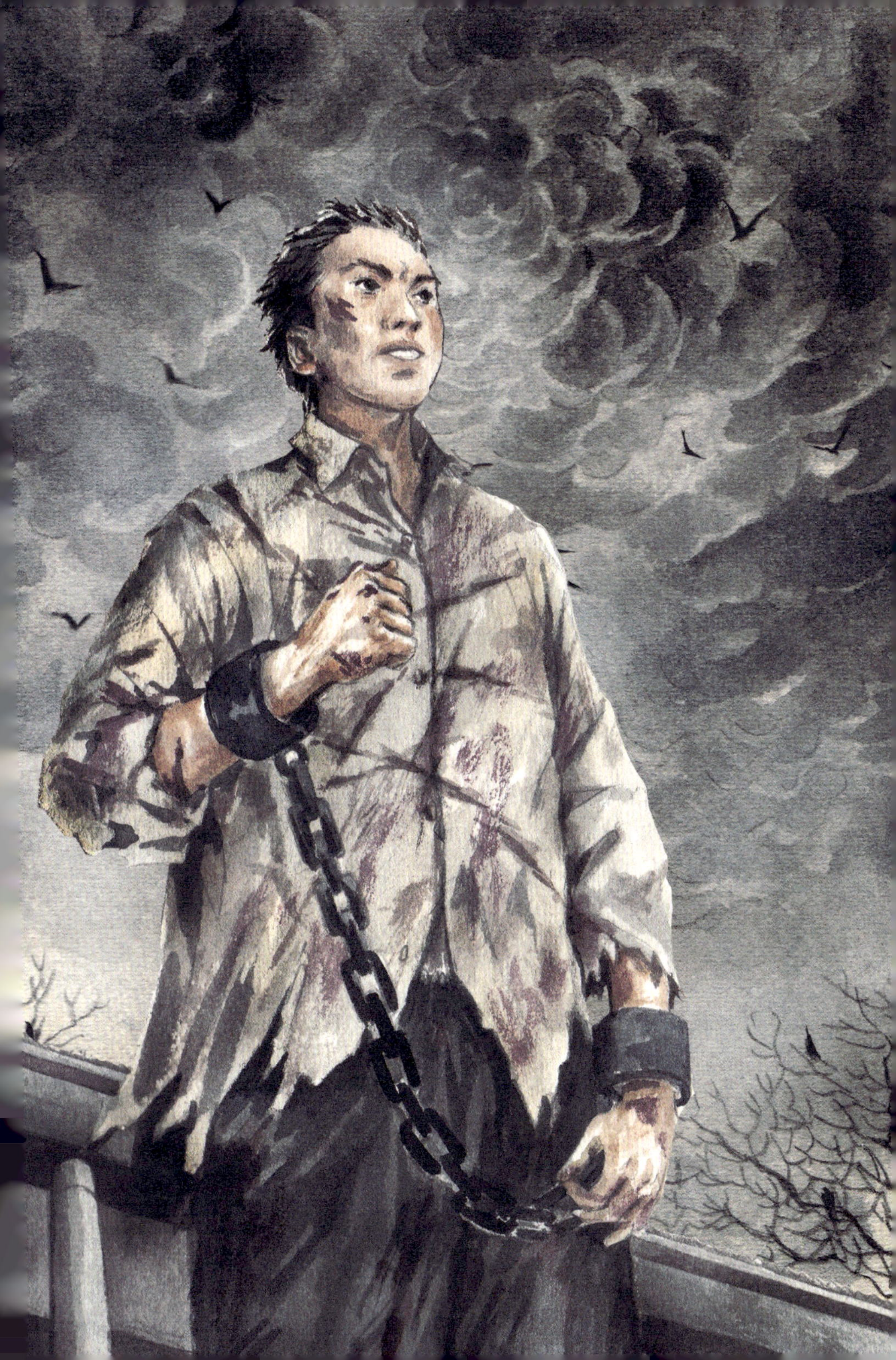

不许她动。为了救自己的女婿，夏母奋不顾身地将花盆从窗台上用力推下……

万分可惜的是，因为大暴雨，轰鸣的雷声掩盖了花盆落地的响声。对于岳母冒死发出的报警信号，冒雨赶回家的赵世炎竟然一点儿也未能察觉。当他一脚迈进院子，夏母立刻高喊："世炎快跑！世炎快跑啊！"

可是哪里还来得及！敌人蜂拥而上，将赵世炎死死地按在了地上。

就在被敌人带走的时刻，赵世炎用暗语告知妻子夏之栩，让她赶紧通知王若飞等省委的同志及时转移。由于夏之栩的及时报信，王若飞等顺利地逃脱了敌人的搜捕。

7月19日，赵世炎也被敌人秘密杀害，年仅26岁。

陈延年和赵世炎是十几年志同道合的同学、同志加战友，都把青春的生命献给了共产主义事业，用鲜血书写了自己不变的誓言。

听到哥哥牺牲的消息，陈乔年万分悲痛，连续几天几夜都无法入睡。长兄如父，兄弟俩从小缺乏父爱，一直相依为命。哥哥和自己一起长大，一直细心呵护着自己。兄弟俩一道求学，一道离家，一道信仰无政府主义，后来又一道转向信仰共产主义，一道投身党的事业……如今，哥哥为了革命，先走一步了！哥哥才29岁，尚未结婚生子，甚至还未谈过恋爱！

此后，陈乔年活泼的性格变了。他变得沉默寡言，也不再和同志们开玩笑了。不久后,他还大病了一场。

10月24日,新创刊的中共中央机关刊物《布尔塞维克》第一期的第一篇文章,即为《悼赵世炎陈延年及其他死于国民党刽子手的同志!》,指出:"赵世炎、陈延年二同志之死是中国革命最大的损失之一。中国无产阶级从此失去了二个勇敢而有力的领袖,中国共产党从此失去了二个忠实而努力的战士。"文章饱含深情地写道:

> 陈延年是粤港无产阶级有力的指导者,他是中国共产党两广区书记。他不仅策划粤港的大罢工运动,即镇平杨、刘军阀,肃清广东,建立国民政府及北伐等南方重大的有意义的革命设施,他都直接间接有积极的助力。一九二七年四月,蒋介石缴上海工人纠察队械后,他改调上海为中国共产党江浙区书记。他指挥上海工人及一般民众为反蒋的宣传与斗争。是年六月,他在上海被蒋介石捕杀!
>
> 赵世炎、陈延年二同志之死,其惨酷为非言语所能形容!二人皆身受最惨酷之严刑,至体无完肤而始被枪毙的。当陈延年同志被捕杀时,刽子手杨虎、吴稚晖等竟函电交驰,互相庆贺其杀害革命党人的功勋!……赵世炎、陈延年二同志之死,在中国共产党的行伍中留下了虚空,这虚空将成为中国共产党奋斗的生命上一个永

不磨灭的黯然的伤痕!

　　中国无产阶级及其政党,对于赵世炎、陈延年及其他死于国民党刽子手的同志,是不哭的。中国无产阶级及其政党誓为他们的首领和战士报仇!

　　对于陈延年,毛泽东同志曾经称赞说:"在中国,本来各种人才都很缺乏,特别是共产党党内。因为共产党的历史根本没有几年,所以人才就更缺乏。像延年,的确是不可多得的人才。在许多地方,我看出了他的天才。"

　　曾经与陈延年共事三年的周恩来同志评价陈延年:"广东的党团结得很好,党内生活也搞得好,延年在这方面的贡献是很大的。"

第六章 壮烈牺牲 视死如归

与慈母最后的相聚

1927年5月,陈乔年的妻子史静仪生下了一个儿子。因为出生在5月,又适逢中共五大召开,于是,夫妻俩便给孩子起名叫"红五"。

当时,按照陈乔年的安排,汪原放在担任《民国日报》国际编辑的同时,还兼顾党中央出版局的工作。中央出版局当时下辖长江印刷厂、长江书店等。为了解决印刷出版的纸张问题,汪原放找陈乔年商量,筹备开办了宏源纸行。

7月,陈独秀给临时中央写了一封短信,称自己实在不能工作,提出辞去总书记职务。随后便离开了自己的办公室,乘船从汉口来到武昌,住进了党的秘密据点宏源纸行。这是陈乔年所始料不及的。

中共五大后,中央秘书长李维汉在长沙处理事情耽搁了很长时间,因此,在此期间,便由陈乔年代理秘书长的工作。

那时,陈独秀已经在党内丧失了威信。陈乔年听到了许多关于他的议论,感到自己开展工作有着诸多不便,便主动请求辞职。但是,中央常委会没有批准,决定陈乔年仍旧暂时代理秘书长工作,同时发电报催李维汉速来就职。

7月15日，汪精卫武汉国民政府发动了反革命政变，以"分共"的名义，正式同共产党决裂，大肆屠杀共产党员，甚至发出了"宁可错杀一千，不可使一人漏网"的狂妄叫嚣。国共合作全面破裂，国共两党合作发动的大革命宣告失败。

据不完全统计，从1927年3月至1928年上半年，被杀害的共产党员和革命群众有31万人之多。

8月1日，在以周恩来为书记的中共中央前敌委员会的领导下，贺龙、叶挺、朱德、刘伯承等人率领2万余人的军队，在江西南昌打响了武装反抗国民党反动派的第一枪。

8月7日，瞿秋白在汉口召集举行中央紧急会议。会议着重批评了以陈独秀为首的中央所犯的右倾机会主义错误，确定了土地革命和武装反抗国民党反动派的总方针。陈乔年出席了这次会议。他感到欣慰的是，同志们并未因为他是陈独秀的儿子而回避自己。并且，大家对陈独秀的批评也都很有分寸，没有特别过头或难听的话。

八七会议没有让陈独秀参加。会议结束后，瞿秋白、李维汉专门到宏源纸行，向陈独秀通报了会议的有关情况。陈独秀闷闷不乐，话也一天天少了。

这期间，陈乔年和妻子史静仪时常带着儿子红五到纸行去看望父亲。小红五已经快三个月了，又圆又黑的小眼睛一眨不眨地盯着祖父看，宽宽的额头也有点像他。陈独秀见到自己的孙子，心里终于有了稍许的慰藉。有时，他会小心翼翼地抱起孙儿,轻声同他说话,逗他笑。

不久,在征得中央同意后,陈独秀离开白色恐怖下的武汉,在秘书和汪原放的陪同下,前往上海。而陈乔年因为工作的需要,仍旧和妻儿留在武汉。

为了加强湖北的党的工作,中央调陈乔年任湖北省委常委兼组织部部长,当时湖北省委书记为罗亦农。

这一年的中秋节,因受大哥去世的打击而身体一直比较虚弱的陈乔年突患伤寒,病情陡然变得很严重。在同志们的帮助下,他住进了一家德国人开办的医院。

妻子还要照顾幼儿,无奈之下,陈乔年便给安庆老家的母亲和弟弟写信,告诉他们自己病得很厉害,请母亲到武汉来照顾他。信里还附上了自己的地址。

高晓岚接到信后,又着急又担心,立刻和三儿子陈松年一起赶赴武汉。这是高晓岚第一次去武汉,也是十七岁的陈松年第一次出远门。

当时的武汉正笼罩在一片白色恐怖之中。高晓岚母子俩到了武昌后,住进了一家旅馆,然后照陈乔年信上的地址写了封信到武昌巡道岭。

但是,过了两三天,仍未收到回信。母子俩便决定上门去寻找。

找到了巡道岭,却没有见到陈乔年。史静仪的弟弟和母亲在家,但是他们都不认识陈乔年的母亲和弟弟,因为这时武汉到处都在抓人，大家都提心吊胆的，开始时他们还不敢认高晓岚母子。

陈松年和母亲一面反复诚恳地解释说："我们是乔年的弟弟和母亲。收到他的信，得知他生病了，因此专程从安庆老家赶来看望。"一面拿出了陈乔年写的信。

史静仪的母亲认真查看了信的笔迹，又仔细询问了陈乔年家里的一些情况，陈松年都答对了。这下子，史家的人才相信了他们。

而后，史静仪的弟弟便带着陈松年和他母亲，到了汉口俄租界那家德国人开的医院。

就这样，陈乔年母子俩相隔13年再次见面。见到躺在病床上憔悴不堪的儿子，高晓岚哭了。这止不住的泪水，也不知是因见到儿子太过惊喜，还是为他的病情担忧。

高晓岚也是第一次见到自己漂亮能干的儿媳妇。她紧紧地抓住儿媳的手，喜欢得不知说什么好。史静仪温柔地告诉婆婆，自己是去年和陈乔年结婚的，她的父亲是湖北应城人，家里是做生意的。

高晓岚坐在病床边同儿子聊天。她这才知道，原来在陈独秀他们走后，陈乔年生了一场大病，高烧不退。在同志们的帮助下，他才住进了这家医院来治疗，医生诊断的结论是伤寒。因为孩子还小，需要史静仪照顾，陈乔年就想请母亲来照料自己。而且母子俩亦多年未见，他也很想见见母亲。此外，他还想让母亲看看亲孙子,让母亲高兴高兴。

高晓岚自然是发自内心的高兴,笑容总浮现在脸上。她挪着一双小脚,就像在安庆老家一样,不停地忙里忙外,想方设法地帮助调理陈乔年的身体。

在母亲和弟弟的精心照料下,陈乔年很快便病愈出院了。

出院后,陈乔年一家人搬进了在汉口租的一幢房子。

在来武汉之前,高晓岚和陈松年并不知道陈延年已经牺牲。陈乔年出院后,估计自己瞒不过母亲,便将大哥牺牲的消息告诉了母亲和弟弟。一家人抱头痛哭了一场。

长子的去世对母亲是一个巨大的打击。好在让她还有点欣慰的是,陈乔年已成家立业,而且给她添了第三代,孩子长得很像父亲,白白净净,甚是好看。高晓岚心里非常喜欢,经常抱着小孙子,给他把屎把尿,跟他说话,逗他笑,有时还哼哼安庆老家哄小孩的儿歌。

过了一段时间,高晓岚要回安庆。这时,她已经和小孙子处出了感情,小孙子也一见她就笑。于是,她便向儿子和媳妇提出,想要把孙子带回老家去,由她来抚养。她的理由十分充分:"你们夫妇每天都非常忙碌,没有时间照顾孩子。而我也实在舍不得和小孙子分开。"

当时,史静仪还在给孩子哺乳,孩子才4个多月,尚未断奶。身为母亲,她更舍不得与自己的小宝宝分离。

然而,陈乔年考虑的还不止这些。他动情地对母亲说:

"您养我们这么大,我们一点儿也没有帮助您,怎么能再给您添麻烦?况且,您现在还在当媳妇,带个孙子回去,不是要惹气吗?"他知道,自己的母亲并没有生活来源,她仍旧是在依靠婆婆谢氏的田租和租金收入维持生计。而且,她还要照顾自己的婆婆呢!

就这样,陈乔年将母亲和弟弟送到了长江边。

高晓岚抱着小孙子亲了又亲,怎么也舍不得放手。一直到快要开船了,她才恋恋不舍地将小孙子交到了儿媳手里,还一再地叮嘱她一定要照顾好孩子。然后,她才在松年的搀扶下,转身慢慢地离开。

母亲依旧穿着那件老蓝布做的长长的大襟褂子,长裤管用

绳子扎紧,一双小脚迈着碎步,缓缓地登上了小船……

目送着母亲和弟弟一步步地远去,陈乔年不禁眼眶发热,双眼渐渐地模糊了。他一时哽咽,连告别的话都说不出来了。

是啊,母子这一别,不知何年何月还能再相见。

谁能料到,这竟是他们最后的诀别!

再度深入虎穴

1927年9月，临时中央机关迁到了上海。同时，决定成立中共中央长江局，任命原湖北省委书记罗亦农任长江局书记，由陈乔年接任湖北省委书记。

10月，南京军事委员会下令讨伐唐生智。陈乔年等湖北省委领导商议后，决定利用军阀混战和唐生智可能的失败发动暴动，打倒唐生智。月底，罗亦农到达武汉，提出暴动准备不足，应先做好准备。陈乔年接受了罗亦农的意见。

11月，唐生智被打败。中央决定发动两湖暴动，由罗亦农改任两湖巡视员。12月3日，共青团长江局书记刘昌群和共青团湖北省委书记韩光汉等人，联名状告陈乔年、罗亦农等人犯了反对暴动的右倾机会主义错误。瞿秋白等人决定，停止罗亦农的职权，停止陈乔年等湖北省委领导的职权，委派苏兆征、贺昌、郭亮组成中共中央湖北特别委员会，赴武汉处理相关事宜。

12月14日，中央特委召开湖北省委扩大会，陈乔年等人出席。因罗亦农不在，陈乔年便成了首要的批判对象。陈乔年平常喜欢穿西服，就连这一点也受到了批评，被指"负责同志腐败，穿买办的衣服"。批评者还说，省委压制同志们讨论八七会议决议案。

有同志反驳说："若说省委对八七会议不重视未免有点过头。对于省委委员个人的衣着、房屋等的批评，我以为同志们太不对了，因为租房屋是为了地下工作需要。"

刘昌群尖锐批评罗亦农、陈乔年反对发动暴动，甚至骂他们是唐生智的"走狗"。

陈乔年辩解说："唐生智退却是暴动之局面，但与马上夺取政权有很大的区别。我认为对于暴动应该有一种事先的胜利决心，否则就是冒险主义。如果我们不顾环境随便举行暴动，无异于列宁所说的'拿工农的鲜血来做儿戏'。"稍稍缓了一口气，他又接着强调说："我们在决定暴动决策之时，不能只考虑推翻政权，而且要考虑到新政权的巩固和持续存在问题。"

特委没有接受陈乔年的辩解，最终做出决定，开除罗亦农和陈乔年中央委员资格。但这一决定需要中央批准后才能生效。

罗亦农离开武汉到上海后，当即向临时中央申诉，并提供了书面材料。他认为，自己未能正确估量唐生智失败的时间并非机会主义，因为自己一直都在注意布置湖北的工农武装暴动，在做着各种准备。12月31日，陈乔年等人也向中央临时政治局提交了对苏兆征等人中央特委处理湖北问题的意见，随后，又向中央提交了问题的总答辩。

临时中央接受了罗亦农和陈乔年的意见。1928年1月1日，中央发出《告湖北同志书》，批评刘昌群、韩光汉主张在武汉举行暴动的意见是错误的，是玩弄暴动，肯定了罗亦农等人停止暴动是正确的。

1月8日，中央恢复了罗亦农、陈乔年等人的工作，将罗亦农留在中央工委工作，任命陈乔年为中共江苏省委组织部部长。

陈乔年回到上海后，和妻儿都借住在罗亦农家里。

有一天，陈乔年一家人专门去看望被解除了职务、在家赋闲的父亲。

那时，几已"无所事事"的陈独秀在党的机关刊物《布尔塞维克》上连篇累牍地发表了多篇杂文，几乎每一期都有他不止一篇的杂文。因为他写得太多，陈乔年已经听到了一些人的讥笑。他心里是特别不希望父亲这样做的。

看到儿子一家人专门来看望自己，陈独秀非常开心。但是，当父子二人谈论到大革命失败的原因时，矛盾就出现了。

陈乔年参加过八七会议，他说："失败你是有责任的，你对汪精卫过于相信。"

陈独秀向来脾气火爆，别人说他、批评他，他都忍了，也不便发火。而这会儿，儿子竟然也当面指责自己，这就让他无法接受了。他像火山爆发一样，高声回答："我有什么责任？

共产国际的代表天天坐在那儿指挥,有什么事不需要经过他们?"

史静仪看到父子俩吵了起来,赶紧出来劝解。她拉住陈乔年,劝他不要再谈这个话题。

但是,此时的陈乔年心情也不好,因为他刚刚受到了一次打击,而这次打击跟自己的父亲亦有脱不开的关系。而陈独秀心里更是憋着满满的怒火。从八七会议以后,他就一直找不到发泄的地方。本来,他是打算留儿子一家人吃饭的,但是父子俩话不投机,最终不欢而散。陈乔年连饭也不肯吃就走了。

陈独秀意识到自己做得有点过火,毕竟儿子一家人是专门来看望他的。儿子走后,他讪讪地对自己的秘书说:"你看,儿子都教训起老子来了!"

有一次,汪原放得了伤寒症,躺在床上养病,陈乔年登门去看望他。汪原放解释了自己生病的经过,想要坐起来。陈乔年坚决不让他坐起来,说:"你不要动!还是要依医生的话没错。"自己就坐在汪原放的床沿上同他交谈。

这时,门口响起了汽车喇叭声,随后便听到了敲门声。陈乔年很警惕,问是谁。

汪原放回答:"是适之先生。"那时,胡适从日本回到上海,出任中国公学校长,听说汪原放生病了,便顺路来看望他。

一听说是胡适来了,陈乔年立刻站了起来,对汪原放说:

"我走了！改天再来看你。"

汪原放突然想起了陈延年牺牲的事情。很显然，陈乔年心里对此是在意的。他不会怪罪汪原放的叔叔汪孟邹，因为知道他是一片好意，只是心急乱求助。汪孟邹在陈延年牺牲后心情非常沮丧，认为这是他平生做得最窝囊的一件事。然而，他对胡适的做法是难以谅解的。

陈乔年知道下楼难免会迎面碰见胡适，于是便拐进了隔壁汪原放大哥的房间。听见胡适上楼走进了汪原放的卧室，陈乔年才从房间后面转到楼梯头，下楼走了。

其实，陈乔年之所以不见胡适，除了因为哥哥的事和胡适可能有关外，也因为地下工作要求严格保密。毕竟胡适是资产阶级知识分子，而陈乔年则是中共江苏省委常委、组织部部长，他决不能随便和胡适接触。

江苏省委的许多同志都曾和陈延年共事过，所以，当陈乔年到省委上任，和哥哥曾经的战友一道工作，感觉特别亲切，心情非常愉快。

1928年2月16日，由陈乔年主持，中共江苏省委在英租界北成都路刺绣女校秘密召开各区委组织部部长会议。

由于叛徒唐瑞林告密，英租界巡捕房警察突然包围了刺绣女校。当时，陈乔年正站在主席台上讲话，手里拿着一本杂志，杂志中间夹着文件。就这样，江苏省委有关负责同志和出席会议的各区委组织部的负责人全部不幸被捕。

第六章 壮烈牺牲 视死如归

2月18日，陈乔年等人被引渡给了国民党的上海龙华淞沪警备司令部看守所，关进了龙华监狱。龙华监狱是国民党囚禁、杀害共产党人和进步人士的魔窟，设有审讯处、男牢、女牢、刑场、兵营等。男牢有三幢楼房，当时人称之为"天牢""地牢""人牢"。

因为陈乔年刚上任不久，叛徒唐瑞林还不认识他，敌人并不清楚他的真实身份。陈乔年自称"王建南"。敌人采用了种种手段，想要探清他的真实姓名和身份，均未得逞。

和陈乔年一道被关押在龙华监狱天字监一号牢的，还有桂家鸿等同志。此外，还有一个大家从未见过的自称是政治犯的人。陈乔年做了多年的组织工作和地下工作，因此对陌生人特别警惕。对这个大家都不熟悉的人，他心里感觉很奇怪。

那个人倒是"自来熟"，看见大家都不搭理他，便主动凑到陈乔年跟前，自我介绍说："我叫唐瑞林，是政治犯。同志您贵姓？"

陈乔年随口回答："我姓王。"

那人又追着问："您是不是安徽怀宁人啊？口音很像哎。"很显然，这个自称"政治犯"的人对陈乔年的一言一行都很感兴趣。

听到对方这样问，陈乔年更加警惕了。因为如果别人知道自己是怀宁人，就不难推测出他就是陈乔年。想到这里，他机智地回答道："我是中国人嘛！"

第二天,从隔壁女监传过来一张纸条,提醒陈乔年他们,关押在天字监一号牢的唐瑞林,很可能是出卖我们的叛徒,让陈乔年他们注意。

知道了唐瑞林的身份后,大家对他都十分冷漠和鄙视。

这个"政治犯"发现自己再待下去有可能暴露,于是,在一次"提审"之后,就再没回到监牢里去了。

由于唐瑞林的叛变,江苏省委下辖的多个机关遭到破坏,不少人被捕。唐瑞林虽然不认识陈乔年等人,但他当时打听到在刺绣女校举行的会议很重要,里面一定有很多共产党的领导干部。

得知陈乔年被捕后,陈独秀好几天都没有说话,也无心再写杂文了。他想起前不久陈乔年来看望自己,两个人还大吵过。陈独秀心里明白,儿子这一次凶多吉少,自己恐怕又要失去一个年纪轻轻的儿子。陈乔年是他几个儿子里长得最英俊的,又刚刚当上父亲,可是,他很快就要被敌人杀害了!陈独秀心里的痛楚无人可以诉说,一下子变苍老了。

开始时,狱外的党组织一直在想方设法营救陈乔年。而与陈乔年同时被捕的江苏省委委员郑复他、许白昊等人则在狱中想办法。

当时,由于叛徒告密,敌人已弄清了多数被捕者的身份,只有陈乔年、周之楚等三人的身份敌人尚不清楚,但他们已知其中有一位叫陈乔年的是共产党的重要人物。郑复他等人的计划是：利用敌人不认识陈乔年，让一道被捕的周之楚同志冒充陈乔年。

听说要让自己来冒充陈乔年，周之楚没有丝毫犹豫，很痛快地答应了："乔年同志活下去，比我对革命工作能做更大的贡献！"他对陈乔年这位曾留学海外的党的重要的组织活动家一向十分敬仰。作为一名共产党人，他愿意用自己的生命去换陈乔年的生命。

就在敌人信以为真时，意外发生了。

周之楚的父亲祖籍广东，是一名南洋巨商。他在国外得知儿子被捕后，立即赶回上海，花费大量的金钱疏通，想要搭救儿子。当他来到监狱找寻儿子的时候，敌人终于发现，这个自称"陈乔年"的人原来是冒充的。

就这样，陈乔年的身份暴露了。

1930年，周之楚经父亲斡旋保释出狱。在随父赴南洋途中，他又偷偷地不告而别，悄然折回，继续在上海从事革命活动。他先后在中共闸北区委、中华全国总工会宣传部工作。1931年，他再度被捕，后在狱中被折磨致死。

留给后代披荆斩棘的幸福

敌人知道陈乔年担任江苏省委的高级职务，是中共的一个重要领导人，于是对他用尽了各种酷刑，希望从他嘴里逼问出更多党的机密。但是陈乔年始终咬紧牙关，只字未吐。

陈乔年的身体原本就虚弱，前一年又感染伤寒，这时才刚刚从大病中康复过来。被关押在监狱的几个月里，他受尽摧残，身体完全垮掉了。但是，他开朗乐观的性情却丝毫没有变，他始终坚定不移、充满信心地鼓舞同志们和敌人做英勇的斗争。

陈乔年读过不少中国的经史典籍和古典小说，也读过很多外国的小说。从住进天字监一号牢的第一天起，他就经常给同监的难友们讲故事。中国的、外国的，他讲了一个又一个，仿佛永远讲不完似的。难友们都听得津津有味，一有空就请求他讲。而不论他讲什么故事，最终都要归结到对国民党反动派祸国殃民罪恶的批判上来。

有一次，陈乔年被带出去审讯，又遭到了敌人的严刑毒打。

回到牢房时，桂家鸿看见他浑身都是血迹，便关切地问：

"敌人又打你了?"

陈乔年淡淡一笑,回答:"没什么。挨了几下'火腿',受了几下鞭子,算个啥?"

在他的心里,早已将个人的生死置之度外。他不止一次地想过:即便是死亡又能奈我何?不就是和哥哥延年,和自己敬重的战友赵世炎、李大钊同志一样吗?人活在世上,谁能不死?如果能够为了全民族的解放,为了开辟下一代的幸福生活而去赴死,那么,这样的死,便是有价值的;这样的死,便是无憾的!

死,他是不怕的。在这个世界上还没有什么能够让他害怕的。但是,他心里放不下的是自己娇弱的妻子和幼小的儿子。自己死后,他们就要跟着遭罪了。

1928年4月15日,因叛徒出卖,罗亦农不幸被捕,6天后,在龙华刑场英勇就义,年仅26岁。临刑前,罗亦农衣冠仍极整齐,态度仍极从容,并留下绝笔:"慷慨登车去,相期一节全。残躯何足惜,大敌正当前。"

1928年6月6日,这是一个大晴天。

敌人通过几个月的严刑拷打,发现从陈乔年他们嘴里套不出任何共产党的机密。于是决定杀害陈乔年、郑复他、许白昊三人。

当敌人将他们三人押出监牢时,陈乔年平静地和同志们告别。他神情泰然地对桂家鸿等人说道:"让我们的子孙后代享受前人披荆斩棘的幸福吧！"

此刻的陈乔年，心里惦记的一定是自己那刚满一岁的儿子红五，和妻子正怀在肚子里的还不知是男是女的胎儿。他坚信，用自己和一代共产党人的牺牲，一定能够换来孩子们未来幸福的生活。

桂家鸿心情悲痛，哽咽着问陈乔年："你，对党、对家庭有什么遗言？"

陈乔年坦然一笑，答道："对家庭毫无牵挂，对党的尽力营救表示衷心感谢！"

在上海龙华枫林桥畔的刑场上，敌人用机枪连续扫射。屹立着的陈乔年，胸口被打成了蜂窝状，最终英勇地倒下了！

此时，陈乔年还未满 26 周岁。

在陈乔年等人壮烈牺牲后，《布尔塞维克》杂志专门发表文章，沉重悼念陈乔年等同志。《上海工人》随即刊载文章《悼我们的领导者》，称陈乔年与郑复他、许白昊三同志是"上海工人的领导者，是中国无产阶级革命阵线中的战士，他们有很光荣的革命历史，表现很伟大的精神和力量"。

在陈乔年被捕入狱期间，史静仪挺着大肚子，四处奔波，寻求营救的路子。他们的儿子红五因无人照顾，不幸夭折。不久后，史静仪又生下一女，取名陈鸿（按陈氏家族排行，或称"陈长鸿"）。在党的安排下，史静仪去了莫斯科，陈长鸿则被送到救助革命子女的上海互济会抚养。

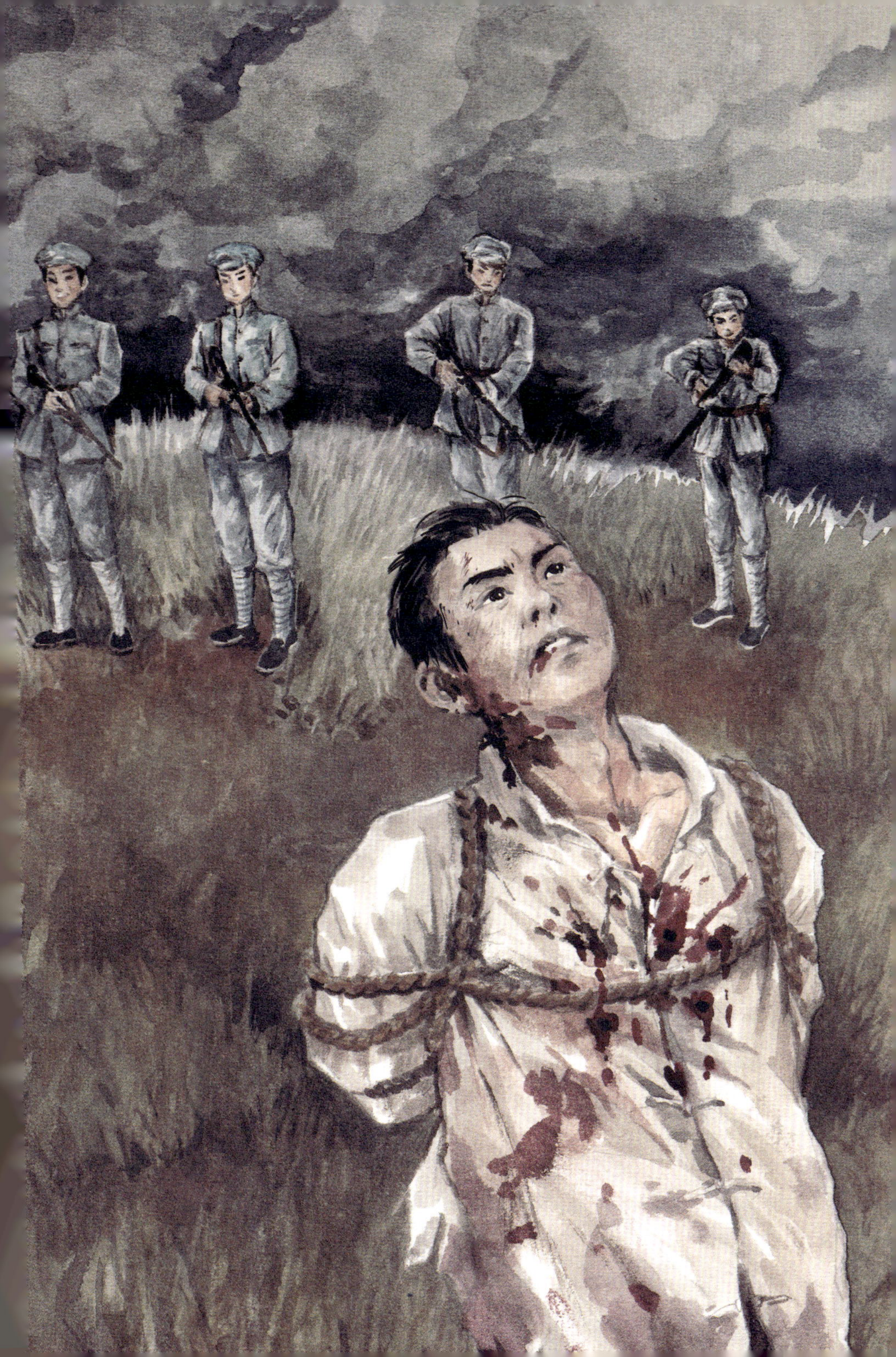

陈乔年被害后，党组织将长鸿接出，交给一户姓苗的人家抚养。后来，苗姓养父母病重，长鸿又被送给了一户姓陈的人家，从此便和母亲失去了联系。

解放后，史静仪直到 1969 年去世之前，都念念不忘，锲而不舍地寻找这个遗腹女的下落。她叮嘱自己的家人一定要想方设法找到这个遗孤。

陈乔年被杀害时，姐姐陈筱秀正在安庆的一所学校担任教员。听闻噩耗后，悲痛不已。她连忙从安庆赶到上海，打算去为弟弟收尸。但是，国民党却不让收尸，不让她领走陈乔年的遗骨。在一年的时间里，长兄和弟弟先后被害牺牲，筱秀逢此大难，受到过度的精神刺激，不久后便在上海的一家医院病逝，年仅 28 岁。

陈乔年牺牲后，有一天，潘赞化到陈独秀家去串门，正好听见高君曼在家里号啕大哭。她一边痛哭，一边烧纸钱。

潘赞化大吃一惊，问她是为谁在烧纸钱。

高君曼抽泣着回答："为延年兄弟在家中设位，烧纸招魂。"

这时潘赞化才知道，原来陈延年、陈乔年这两位安庆的小英雄都已不幸牺牲。他的心里很不是滋味。

陈独秀见到老友到来，连忙让座。他望着高君曼的背影，连连摇头说："迂腐啊，迂腐！"

潘赞化当即接话："人之所以为人也，理应如此！"

见老友这么说，陈独秀也就不便再说什么了。

此时的陈独秀生活十分艰难。他依靠党中央每个月补助30元钱勉强度日,平时就是吃块面包或大饼充饥而已。有时,嚼着大饼,他就会回想起儿子延年和乔年当年在上海半工半读时每天也都是靠大饼度日。而此时此刻,白发人送黑发人,延年、乔年,这两个最有出息的孩子,却已长眠于地下了!

得到儿子延年、乔年和女儿筱秀先后去世的消息后,母亲高晓岚深受打击,身体每况愈下。1930年9月19日,这位终生贤惠而本分的母亲,凄苦地告别了人世。

她的妹妹高君曼带着一儿一女赶回安庆奔丧。

次年,高君曼亦因病去世。

1928年6月,中共六大在莫斯科召开,陈独秀被免去中共中央总书记、中央常委、中央委员的职务,仅保留党籍。次年11月,陈独秀被开除党籍。

1932年10月15日,陈独秀被国民党逮捕。最终以叛国罪被判处有期徒刑13年,关押在南京老虎桥45号的江苏第一监狱。

1936年12月,"西安事变"爆发,张学良、杨虎城在西安扣押了蒋介石,逼其抗日。关在监牢里的陈独秀得知蒋介石被扣押,异常高兴。他自己掏钱,请人帮他去打酒买菜。

喝酒前,他对同监狱的人说:"今天我们好好喝一杯。我生平滴酒不沾,今天要喝个一醉方休!"

他用两个茶杯当作酒杯,先倒了一杯,起身洒在凳子周围，嘴里念道："大革命以来，为共产主义而牺牲的烈士，请受奠一杯！你们的深仇大恨有人给报了！"

接着，他又倒了一杯，说："这一杯，是为了延年、乔年……"

话未说毕，早已哽咽。随即含泪将酒洒在了地上。

这盛世如你所愿

共和国不会忘记！党和人民不会忘记！

1937年5月2日，中共中央在延安召开党的全国代表会议（时称"中国共产党苏区代表会议"）。时任中共中央总书记的张闻天在开幕词中，列举了60位在近十年中牺牲的烈士，将陈延年、陈乔年列在李大钊之后，称之为"在各条战线上英勇牺牲了的战士、我们的最忠实的同志、中华民族的最优秀的儿女"。会上，全体代表起立，为烈士默哀三分钟。

7月7日，"卢沟桥事变"发生，全面抗日战争正式开始。

8月23日，在监狱中服刑了4年多的陈独秀被释放出狱。胡适前来看望，劝他加入国防参议会。陈独秀回答："蒋介石杀了我许多同志，还杀了我两个儿子，我和他不共戴天。"见胡适沉默不语，陈独秀仿佛意识到什么，换了一种语气说："现在大敌当前，国共二次合作，既然国家需要他合作抗日，我不反对他就是了。"

1942年5月27日，在贫困潦倒中，陈独秀在四川江津去世。陪伴在他身边的，是他的第三任妻子潘兰珍和三子陈松年。

1953年2月，毛泽东主席到南方做调查，来到安庆，问起了陈独秀的家乡和陈独秀家的后人。当毛泽东得知陈独秀的小儿子家庭生活困难时，明确表态："陈独秀后人有生活困难，可以照顾嘛。"按照毛泽东的指示，安庆市委统战部每月发给陈松年30元生活补贴，直至1990年陈松年去世。

1954年，中华人民共和国中央人民政府给陈松年颁发了由毛泽东主席签署的《革命牺牲军人家属光荣纪念证》。纪念证上写道："查陈延、乔年两同志在革命斗争中光荣牺牲，丰功伟绩永垂不朽，其家属当受社会上之尊崇，除依中央人民政府'革命军人牺牲病故褒恤暂行条例'发给恤金外，并发给此证以资纪念。主席毛泽东（中华人民共和国中央人民政府印）一九五四年九月二十日。"

在这份《革命牺牲军人家属光荣纪念证》中，"延""乔"二字竖排并列。

1981年，在庆祝中国共产党成立六十周年大会上，时任中共中央总书记的胡耀邦满怀深情地说："在庆祝中国共产党成立六十周年的时候，我们深切怀念毛泽东同志。我们深切怀念同他一起为中国革命的胜利、为毛泽东思想的形成和发展作出重要贡献的党的其他杰出领导人，伟大的马克思主义者周恩来、刘少奇、朱德，以及任弼时、董必武、彭德怀、贺龙、陈毅、罗荣桓、林伯渠、李富春、王稼祥、张闻天、陶铸等同志。我们还深切怀念我们党创建时期的重要领导人李大钊、瞿秋白、蔡和森、向警予、邓中夏、苏兆征、彭湃、陈延年、恽代英、赵世炎、张太雷、李立三等同志。"

1985年，经中共中央、国务院批准，在上海建立龙华烈士陵园。在龙华烈士纪念馆内，陈列有彭湃、赵世炎、陈延年、罗亦农、陈乔年等大革命时期牺牲的烈士的事迹材料和遗物、照片。陵园内立有陈延年和陈乔年的墓碑。从此，这里便成了对中国人民进行革命传统教育和爱国主义教育的重要阵地。2021年，由中共上海市委党史研究室和龙华烈士纪念馆编纂的"龙华英烈画传系列丛书"推出了《陈延年画传》和《陈乔年画传》，在建党百年之际隆重出版。

当年，陈乔年的女儿陈长鸿被养父母收养之后，一直对自己的亲生父母一无所知。1944年，她参加了新四军，因为她有个姐姐叫苗芳，她便给自己起名叫"苗玉"。她唱着刚学会的歌："吃菜要吃白菜心，当兵要当新四军……参加新四军，为国又为民，打走了鬼子，国家才安宁，人民才太平！"同自己的亲生父母一样，她坚定地走上了革命道路。

1948年，苗玉调到华野十兵团当仓库保管员，随后南下，参加解放福建战役。解放后，她又豪情满怀地投入新中国的建设事业，先后在福州市公安局、轻工局工作，直至离休。

陈长鸿的养母直到即将离开人世时，才将她的身世毫无保留地告诉了长鸿。1994年，在组织的帮助下，陈长鸿找到了她的亲人们，随后又回到安庆为父辈们扫墓。

2009年9月，在新中国成立60周年前夕，中共中央宣传部、中央组织部等11个部门联合组织评选"100位为新中国成立作出突出贡献的英雄模范人物"。陈延年入选，他的称号是：忠诚的马克思主义者。

2011年，为庆祝中国共产党成立90周年，中国邮政特别发行《中国共产党早期领导人（三）》纪念邮票一套五枚。其中第一枚便是陈延年，面值1.20元。

2013年，在合肥市第四批道路命名中，为了纪念陈延年、陈乔年，肥西县一条南北向的道路被命名为"延乔路"。延乔路全长1.2千米，北端与宽阔的繁华大道相接。

2021年，随着电视剧《觉醒年代》的热播，无数的人们了解了陈延年、陈乔年的事迹。7月1日，正值中国共产党成立100周年庆典之际，许多合肥市民自发前往延乔路献花、留言，用一段段发自肺腑的感言，表达对于革命先驱者们的敬意。这一幕幕感人的场景，在朋友圈里被无数人转发、点赞。

在无数令人泪目、催人奋进的留言中，传诵最广的正是这一句："今日这盛世，正如你所愿！"

后记：做一次历史的摆渡人

当秋林先生打电话约我写写陈延年、陈乔年的故事时，说实话，我的心情非常激动。当时，电视剧《觉醒年代》正在热播，陈延年和陈乔年兄弟俩一下子便成了年度网红，也成为了诸多青年心目中的偶像。这，当然是一件好事。那些为新中国的建立而牺牲了生命的革命先烈无疑值得人们缅怀，理应成为人们学习的楷模。

讲述陈延年、陈乔年的故事，对于我来说是一个很大的挑战。陈独秀父子三人的生平事迹颇为传奇，堪称"陈门三杰"，他们都个性鲜明，经历曲折。接受这样一项艰难的写作任务之后，我也陷入深深的思考之中。我认为，一些电视剧和小说为了渲染剧情，往往虚构情节，以致有些内容与历史史实并不相符，甚至是相互冲突。譬如，电视剧中演到的陈延年、陈乔年和陈独秀在北京共同生活期间，兄弟俩如何接受父亲的言传身教，彼此经常在思想观念各方面发生尖锐冲突，像这样的情节事实上并不存在。因为，陈延年和陈乔年在北京学习法文是1914—1915年期间，当时陈独秀还没有到北京；而陈独秀1917年应聘到北大任职之时，陈延年和陈乔年却又都到了上海勤工学习。电视剧和小说可以适度虚构历史人物，而与此不同的是，纪实文学必须坚持以真实性为底线，其所要讲述的人物生平事迹都应该是有据可考、有案可查的，都是以历史真实为基础的。真实的东西更有力量，纪实文学具有其不可替代的价值，堪当历史的"摆渡人"。

陈延年、陈乔年兄弟俩出身于古城安庆的书香门第，自幼聪敏好学，开朗活泼。然而，他们所处的时代，正是中华民族陷于苦难深渊之时，社会的黑暗和不公在他们的心中引发了抗争的火种。为了寻找救国救民的道路，他们跟随时代激荡的洪流，走向新世界，接受新思想，在艰辛的求索和残酷的斗争中，成长为坚定的共产主义者，最终为党的事业献出了年轻的生命。他们的人生虽然短暂，却光芒万丈，如同耀眼的星辰，照亮了历史的天空。正像我们常说的五星红旗是由革命先辈们的鲜血染红的，在这其中就包含了陈延年、陈乔年这两位青年烈士的血。讲述"100位为新中国成立作出突出贡献的英雄模范人物"之一的陈延年和他弟弟陈乔年的革命往事，无疑可以对青少年起到很好的感召作用。这样的纪实作品必定是有价值的。此前关于陈延年和陈乔年的文学作品并不多，儿童文学作品更是匮缺。因此，描摹刻画陈延年、陈乔年，还原历史真实，让人们重新认识这两张青春的面孔，于我而言也是写作者的责任。

在我看来，要写好纪实文学，关键在于必须尽可能充分地掌握资料，特别是第一手的资料。为此，我花了大量的功夫查找各种资料，特别是关于陈延年、陈乔年本人的档案、文献、史料、传记等，阅读了一些有关陈独秀父子三杰的文学作品和史学著作。在本书即将完稿时，又找到了由龙华烈士纪念馆等编写的《陈延年画传》和《陈乔年画传》。我对这些找到的档案、文献、史料等进行了反复的比对和考证，因为在不同的著作、不同的文献中，关于一些具体的人和事的描述并不尽相同，甚至有时是相反的。为此，我必须努力地找寻原始的文献资料，特别是陈延年、陈乔年本人所留下的文字资料、履历、档案或口述实录。所幸我又发现和挖掘出了一些新的史实。譬如陈乔年的履历表中填到，他曾在北京法文学校就读，而在以往相关的传记作品中，基本没有对这一段经历的描写；有一些资料中的人名、地名、译文等也存在着谬误，对此我都进行了认真的考订。

其次是找寻那些与陈延年、陈乔年生前关系密切的或有过交往的亲友、同事等各方人士的回忆录、访谈录等。譬如潘赞化、夏之栩、郑佩刚、陈松年、萧三、汪原放、彭健华、桂家鸿等人的回忆文章及著作。对一些具体的事情与情节我也进行了力所能及的考订。譬如汪孟邹请求胡适帮助营救陈延年一节，虽然有一些研究者认为这个事情未曾发生，有关回忆不足为信，但是，在汪孟邹侄儿汪原放的回忆录中却曾提及，这起码可以作为一方佐证，因此，我还是决定将这个情节写到了书里。

与此同时，我尽可能地亲自到陈延年、陈乔年生前曾活动过的地方去踏访考察，既为了寻找查询文献，也为了实地体验感受，寻找现场感。我在北大红楼旧址、北京新文化运动纪念馆参观展览，了解新文化运动的历史和陈独秀、陈延年、陈乔年等人的事迹；两次到北京箭杆胡同陈独秀故居、《新青年》杂志旧址参观；按图索骥，摸索着找到了北京宣武门边上的原北京高等法文学校旧址，找到了那栋两层的红砖楼……我在这些现场去缅怀追思还原百年前这两位少年英姿勃发的情景，努力让这两个少年的形象在具体的环境和特殊的觉醒年代里复活。

在创作过程中，我经常感同身受地去设想人物当时的处境、遭遇、经历和故事，尽量贴近人物，揣摩他们的心理和思想，按照合理想象的原则，对一些历史场景进行了还原和描述。在讲述陈延年、陈乔年故事的过程中，我亦曾多次感动落泪。这种感动源自人物自身的英勇事迹及其天下为公、我将无我的家国情怀。在这两副青春的面孔上，我分明看到了一个新中国喷薄欲出朝日东升般的影子，我也看到了一个伟大国家诞生的源头。这个写作过程对于我来说，不啻一场最好的百年党史的学习教育和对伟大建党精神的一次很好的研讨，也是一次洗心的过程，让自己的灵魂经受了一次洗礼。我的年纪几乎已是陈延年、陈乔年去世时的两倍，以一个中年人的心理去揣摩两位青年当年高远的追求和梦想，也让我自己的心态变得更为年轻，仿佛又重新找回了年少时的意气风发与激昂斗志。我相信，陈延年、陈乔年的故事一定也能带给读者以内心的感动、思想的启迪以及人生的启示。

  由于本人学识有限，本书难免还存在着缺憾和瑕疵，在此特恳请读者朋友不吝指正。对于文中引用的历史文献资料，除就文字讹误适当勘正外，均保持其原貌。在本书创作出版过程中，知名出版人张秋林先生多次给我以激励鼓劲，并且亲自操刀编辑加工，促使我始终以一种真诚的态度勉力完成了这部作品。在此，我也向秋林先生和三环出版社表示由衷的感谢。

2022 年初夏，于北京